オーナーとスタッフのはざまで悩む店長必読

MINX流「デキる店長」革命

菅野久幸 HISAYUKI KANNO

女性モード社

はじめに

2019年のことです。僕はビューティーワールドジャパン（BWJ）のセミナーに登壇させていただくにあたり、かねてから感じていた疑問と向き合い、自分で発信してみようと思い立ちました。

その疑問とは、「店長さんが店舗の管理（サロンマネジメント）を学べる機会がないなあ」というものです。

技術が学べる、デザインが学べる、そういう本はたくさんあります。他の業界の経営一般を教えるビジネス書も、書店に行けばたくさん並んでいます。

でも、「美容室の店長にサロンマネジメントを教える本」は意外にもなかったのです。そのことをBWJ関係者でもある女性モード社さんにお話ししたところ、「ぜひお願いします」という話になり、実際その演目でセミナーを開くと大きな反響をいただきました。

「これは形にしないといけないな。きっと業界全体が待ち望んでいる」

そう感じたことがこの本の始まりです。2019年も冬に差し掛かろうとする頃でした。

あらためてはじめまして。菅野久幸です。ヘアサロン「ミンクス（MINX）」で取締役を務めています。所属としては銀座店のディレクターという立場で、皆さんと同じように日々お客様をお迎えし、後進の育成にもあたっています。

美容師になってからミンクスで約20年。副店長、店長、代表と経験し、振り返ってつくづく思うのは、「店長って大変だなぁ」ということです。

スタッフたちの悩みや不満を日常的に受け止め、解決の相談にのりつつ、オーナーの期待にも応えながら、今日もお客様を笑顔にするため店に立つ。――もうホント、大変です（笑）。美容室の店長を一言で言い換えれば「中間管理職」です。

でも、大変なだけじゃない。「プレイヤーとしてお客様を笑顔にすること以外にも、美容師の喜びはあるよ！」ということを、僕はこの本で皆さんに伝えたい。そのために、正しいやり方で店長職に向き合えるようになる、また、明日から視点を変えてお店に立てるようになる考え方や知識を、この本に詰め込みました。

この本は3章構成になっています。

第1章では、**「そもそも店長って、何？」**と題して、主に店長としての意識、マインドの持ち方をめぐって解説しました。デキる店長はデキない店長と比べて何が違うのか。管理職としてどんな心構えでいれば良いか、などです。

第2章では**「店長業務の実際ーどうやる？ 店長の管理業務ー」**と題して、店内の仕組み（制度・体制）をどう整え、何を管理していけばいいかについて解説します。「美容室は人が商品」と言われる業界ですから、その〝何〟にはスタッフたちが入ってきます。他にも、売上など数字に関することや、「生産性」の考え方についても、サロンの各状況に即しつつ、何をして何を避けるべきか、具体的に述べました。

そして第3章は**「店長業務実践シミュレーション」**と題して、僕自身が現在実行している、または実行してきたやり方を紹介しながら、大きく3つのテーマを取り上げて実践解説を試みます。3つのテーマとは「新人（若手）教育の実践」「マーケティングの実践」「クレーム対応の実践」です。しっかり読み込んで理解して、皆さんのサロンにも活かしていただけたらと思います。

なお、この点はぜひ強調しておきたいのですが、この本は現時点で1店舗のサロンさま――その意味では個店業態に分類されるサロンさま――には参考にならないかといえば、そうではありません。人が3人集まればそれはもう組織です。あるいは、本文にも書いた通り、係をもうけて役割分担をしていればそのお店はもう組織です。組織のメンバーが力を合わせてサロンを大きくしていくための考え方とやり方が、この本には書いてあります。**皆さんのサロンの未来のため**に、ぜひ役立ててください。

そして僕も、書籍の制作作業を通じて、これまで感覚的に持っていたノウハウや経験知を、論理的に〝見える化〟することができました。この経験はきっと、この先自分の仕事のやり方の精度を上げていくうえで活きると思います。もしも迷いが生じたら、この本に立ち戻って学び直すでしょう。

僕もまだまだ勉強中です。もっといろんな経験を積み、ヘアサロン業界に貢献していきたい。僕自身もあらためて、これから本編のページをめくりながら、皆さんと一緒にひとつひとつ勉強していきたいと思います。

MINX流「デキる店長」革命　もくじ

第1章 そもそも店長って、何？

第2章 店長業務の実際 ―どうやる？ 店長の管理業務―

第3章 店長業務実践シミュレーション

第1章

そもそも店長って、何？

1

売れているスタイリスト、イコール「デキる店長」ではない

売れているスタイリストが必ずしも「デキる店長」になれない７つの理由

では一緒に、「デキる店長」になるための時間を共有していきましょう。

まず前提として、売れているスタイリストがイコール「デキる店長」とは限りません。これは本当に肝に銘じておく必要があります。

僕は、ＭＩＮＸセントラル店（原宿）副店長、原宿店店長を経て銀座店代表、また現在は取締役としても、たくさんの店長たちと向き合ってきました。そして、多くの役職のスタッフたちを育ててきました。

そうやっていろんな店長や副店長を見てくるなかで、

「スタイリストとしては優秀だけど、店長としてはこういうところが上手くいっていない

のかな」

「結果を出す店長って、こういうことができているんだな」

というポイントが見えてきました。

上手くいっていない店長は、主に次に挙げる7つの理由でつまずいていると思います。

1 店長業務がどういうものかがわからない

この理由でつまずいている店長さんは案外多いはずです。オーナーさんに呼ばれて、「店長として○○店に行ってくれ」と急に言われたり、既存店の店長も務めたことがないのに新規オープンの店長を任される。突然、店長が離職し「君が一番売上がいいから」という理由だけで次の店長に抜擢！　そんなこともあります。

でも、任された本人からしたら、「ちょ、ちょっと待ってくださいよ………」。店長として具体的に明日から何をどうすればいいか、わからない。当然です。だって教えられたことがないのですから。

1店舗だけのサロンであればオーナーさんと共に管理していけばいいのですが、複数店舗となると現場の運営は店長さんにある程度委ねられるはずです。

こういった、「そもそも店長業務がわからない」店長さんたち、あるいは、もしかしたら肩書きだけ（?）の店長さんにならなくてすむように、この章の第4節「これをクリアすれば『デキる店長』になれる！」のところで店長業務の実際を解説していますので、そちらを見ていただければと思います（44〜63ページ）。きっと参考になるはずです。

2 管理業務に集中できない

これに悩んでいる店長さんも多いと思います。このタイプの店長さんたちは「意識改革」から始める必要があります。

どういう改革かというと、**「プレイヤーからマネージャーへの意識改革」です。**

皆さんは、スタイリストとしてお客様を喜ばせることは当然されています。朝の予約から最終予約まで、サロンワークはみっちり入っています。余分な時間なんてありません。

そこに、店長としての管理業務が加わってくるわけです。

営業中は忙しく働いています。そのうえ営業時間外に、もしかしたら休みの日に、管理業務をしていると、当然体がいくつあっても足りません。

そこで必要なのが意識改革です。「自分はもうプレイヤーだけやっていればいい立場で

プレイヤーからマネージャーへの意識改革

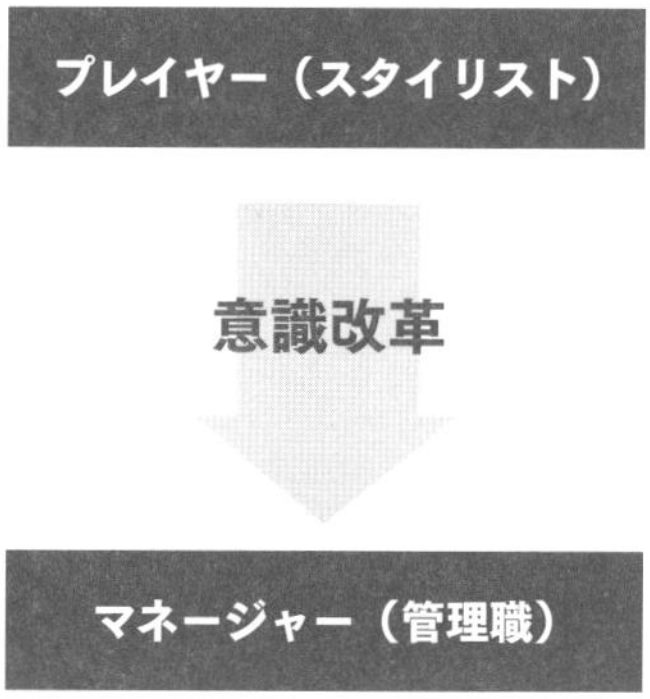

はない」と理解することです。

これは言い換えると、「マネージャーの働きも含めて期待された総合点で評価される立場になったのだ」と、自分に対する認識を改めるということです。「管理業務に集中できない」という理由で伸び悩んでいる店長さんたちは、ここがクリアできていないのだと思います。

ではどうするか。僕の提案はシンプルです。

営業中に、サロンワークと同時進行で、管理業務をやっていきましょう。

「余分な時間はないって言ったばかりじゃないか！？」と思うかもしれませんね。

でも、考えてみてください。そもそも店

長に抜擢される人というのは、それなりにスキル（意識や売上）が高い人だと思います。そうであれば、自分の売上向上にあてている時間を少しだけ減らして、そのぶんの時間とエネルギーを管理業務に振り向けることも、できるのではないでしょうか。

もちろん、お客様をお迎えする時間は削ってはいけません。その他の時間の使い方を見直そうということです。

例えば「スタッフとコミュニケーションをとる時間がない！」と悩んでいるのであれば、一緒に食事に行ったり、時間をとって話し合うことだけがコミュニケーションではない、と考え直してみる。

僕がよく店長セミナーで話すのは **「密度より頻度が大事」** ということです。時にはじっくり話すことも必要ですが、スタッフルームで気軽に声をかけるとか、片付けながらさっと声をかけるなど、サロンワークのちょっとした合間で意思疎通ができれば、それも立派なコミュニケーションです。

また、コミュニケーション以外の一人で行う管理業務については、例えば掃除の時間をそれにあてるのはどうでしょう。

店内共通のタスク（今の例でいえば掃除）をスタッフにお願いし、「自分は奥で売上管理の事務作業があるから、掃除はよろしく頼むね」と一言声をかければ、大抵のスタッフはわかってくれます。同じように、終礼に関しては毎回は出ずに、その時間を管理業務にあて、内容はＳＮＳなどで共有してもらう、とかでも良いでしょう。

大切なのは**「店長としてやるべき業務」を見失わないようにすることです。**そのための意識改革と、行動パターンの変革に、ぜひ取り組んでください。時間は有限です。最適化して使いましょう。

3 店長がいろいろな仕事を抱えすぎ

これもよくありがちなパターンではないでしょうか。特に責任感が強い店長さんに多いです。

「店長として立派に務め上げないといけない」という気持ちが強すぎて、とにかくいろんな業務を抱え込んでしまう店長さん。プレイヤーからマネージャーへきちんと意識が切り替わっている点は素晴らしいのですが、役割分担ができていない。

自分でやったほうが早いとか、もっと正確にできるとか、感じてしまう局面は多いと思います。つい横から入ってその仕事を済ませてしまうこともあるでしょう。気持ちはよくわかります。

でも、それを続けていると店内の雰囲気が、

「結局店長がやるんでしょ。」

になっていきます。スタッフたちが受け身になってしまうのです。

そうすると何が起きるか。

まず、副店長が育たなくなります。副店長の指導・育成は店長の業務のなかでも最重要業務のひとつです。これが上手くできなくなるのは致命的です。

また、スタッフたちも当然成長しません。店長が一人で全部仕事を抱え込むと、スタッフたちは、

「楽になりました店長！　私たちのぶんもやってくれてありがとう！」

というふうに――なりません。残念ながら。

正直な話、スタッフたちは意外に、店長に感謝していません。それなのに一人で抱え込んでも、「どうせ店長がやるんでしょ」とか、「どうせ店長が決めたんでしょ」とかの言い訳を助長する雰囲気を作るだけです。

店長さんは店内の役割分担を明確にしてください。「休みの管理は副店長に任せる」「店販については誰々が責任を持つ」。そうやってスタッフたちにもきちんと仕事を割り振りましょう。

そして、ここが重要ですが、**店長さんは任せた仕事がちゃんと機能しているかどうかを必ずチェックし、フォローもしてください。**丸投げはいけません。

また、担当スタッフから確認を頼まれたときはレスポンスを早くすること。すぐにチェックできないときは「いついつまでにチェックする」と見込みを伝えること。こういう小さなことの積み重ねが、スタッフとの信頼関係に繋がります。

4 評価されないことでモチベーションが下がっている

これも非常によくわかります。頑張っている店長さんほどこの部分で葛藤しています。

店長というのは、何でも「できて当たり前」で、できなければ怒られる立場です。

しかも、できても意外に褒められないのです。スタッフたちも、感謝してくれてはいるのだろうけど、いつも言葉でそれを伝えてくれるわけではありません。正直、誰にも褒められません（笑）。

だから、「店長って損だなぁ………」と感じるときが、あると思います。「なんで俺、こんなに神経すりへらして頑張ってるんだろう………」「もっとお客様に集中したいのになぁ」「なんで俺、スタッフのことでいちいちこんなに悩まないといけないのかなぁ」と。

よくわかります。そんな気持ちのとき、誰がモチベーションを上げてくれるのか？

はっきり言います。「誰か」はいません。**店長はもう、自分で自分のモチベーションを上げるしかないのです。**

店長はモチベーションコントロール（セルフコントロール）も必要なスキルのひとつだと思ってください。上げ方は何でもかまいません。YouTubeを観る、映画を観る、本を読む、美味しいものを食べる、等々。モチベーションが下がる、と感じたら、それを冷静に察知し、上がる工夫をしてください。

「そうは言っても………」と言いたくなる気持ちはわかります。僕だって同じ経験をしてきましたから。

でも、店長のモチベーションが下がると店全体の雰囲気が悪くなります。

反対に、店長が笑顔でイキイキと、他のスタッフのお手本になる雰囲気で働いていたら、お店の雰囲気は確実に良くなります。それはもう、ビックリするぐらい変わります。すると店舗としての売上が上がっていき、店長個人の売上も良くなります。ぜひ、自分で自分を鼓舞して、頑張ってください。

それでもどうしてもモチベーションが上がらない店長さんは、現状を「独立開業のシミュレーションをさせてもらっている」と考えてはいかがでしょう。

店長を任されたことを、スタッフをまとめるための勉強や、狙った結果を出せるようになるためのスキルアップの機会ととらえるのです。これなら、店長としての苦労もその期間も、自分への貴重な投資と思えるのではないでしょうか。

ちなみに、「店舗で結果を出せない店長」「スタッフがついてこない店長」――これらの店長さんは独立に関しては慎重に検討したほうが良いです。

また、これは店長さんの問題というよりオーナーさん側の問題ですが、店長を評価する基準が設けられていないサロンも、中にはあると思います。手当は何となく付いているかもしれませんが、そもそもどういったことが達成できれば店長として評価されるのか、オーナーさんは何を店長に求めているのか。これらが明確にならないと店長さんも頑張れません。

そういったサロンの場合、オーナーさんや経営幹部に店長さんのほうから相談して、マネージャーとしての評価基準を別に設けてもらうことも必要かもしれませんね。

5 感情のコントロールができない

もしかしたら、伸び悩む店長さんができていないことの筆頭がこれではないでしょうか。

今は多くないと思いますが、昔は、お客様の前で感情的になる店長というのは普通にいました。お客様の前でスタッフを怒鳴りつけるなんてことも……。

当時は、根底に愛情があるから成立する関係性というものがあったかと思います。

でも、今の店長は自分の感情を抑えてスタッフに向き合ってください。戦略的パフォーマンスとして感情を出すことはあっても、感情の赴くままに向き合うことは避けなければいけません。これは必ず守ってください。

「こうでなければいけない」「できるはず」と思っていることがスタッフにとっては少しも当たり前ではないです。

想いが強く、スタッフの要求レベルが高い店長ほど感情的になりやすいものですが、それでは自分もストレスを抱えてしまいます。時には固定概念を捨てることも重要です。

また、店長になれば、自分に非がなくてもスタッフやお客様に対して頭を下げなければならないこともあると思います。

それも役割として全うしてください。そういうときに個人的感情が入って、「いやだ！絶対謝らない」と意地を張るようなことがあってはいけません。

それと、発言するときは自分のなかで一度考えて、言葉を選ぶようにしてください。スタッフから受ける相談の中には、「理解できない」と思うような内容もあるでしょう。そんなときも、感情にまかせて衝動的な発言をせず「そうだよね」と一度受け入れる。

自分の頭のなかで整理して言葉を選ぶ。そうするとスタッフも安心します。

皆さんの言葉ひとつでスタッフの人生が変わることだって、ありますからね。

6 コミュニケーションが苦手

これで悩んでいる店長さんは、知らず知らずのうちに、「背中で教える」「背中で見せる」という感覚が今も通用すると思っているのかもしれませんね。

僕らがアシスタントをしていた頃も、そういうタイプの店長さんはいました。

ただ、今のスタッフは意外に店長の背中は見ていないかもしれません。店長が何を考えているかなんて、言葉で言われるまでわかりません。店長のSNSを見たりしていたら、なんとなくこういう人なのかな、というぐらいの印象は持つと思いますが、「背中を見てわかれ」なんて、今はそんな時代ではないですよね。

それよりも、しっかりとスタッフたちの言葉に耳を傾けてください。そうすることでミスが起こりづらくなり、日常に埋もれている問題点にも気付きます。

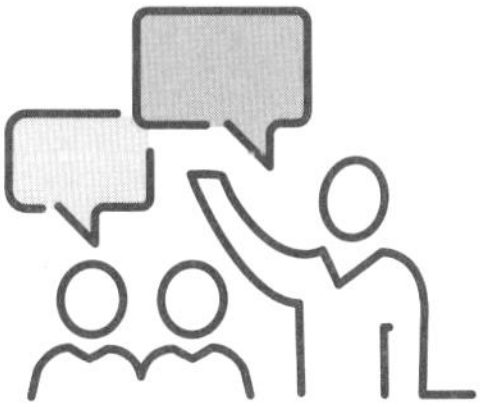

自分はコミュニケーションスキルが低いかな？　と感じていたら、改善の一歩は朝、自分から「おはよう」とスタッフに声を掛けることです。まずは自分自身が笑顔でオープンな雰囲気を心がけていきましょう。

また、**相談を受けたときは自分の価値観とスタッフたちの価値観の違いを認め合い、歩み寄る。**スタッフ一人ひとりの行動や考えの背景を理解するよう努めていきましょう。

そして自由に意見交換ができる風通しの良い雰囲気を、しっかりと店内に作ることが大切です。

また、店舗としての意見はオーナーさんや経営幹部にちゃんと通すようにしてください。そうでないとスタッフたちの働く環境が改善されません。

上司にあたる人に対しても、自店舗の意見はきちんと伝える。それができるようになるためにも、店舗で今何が問題になっているか、何が必要かを、日頃からしっかりと把握しておく必要があります。

コミュニケーションスキルを磨いて、問題点がスタッフたちから上がって来やすいお店の雰囲気作りを心がけましょう。

7 スタッフの底上げができない

これはどこのサロンの店長さんも結構悩んでいると思います。「ちゃんとカリキュラムを組んで教えているのにスタッフのスキルが上達しない」、あるいは「若手スタイリストの売上がなかなか上がらない」といった状態ですね。

この悩みに対しては、プレイヤーとしての自分の経験も総動員して、できる限り、最大限のアドバイスと手助けをしてあげてください。それしかありません。

ここまでずっと「プレイヤーとマネージャーは違う」という話をしてきましたが、僕たち美容師の根っこは、みんなプレイヤーなのです。お客様を喜ばせることに興味がないのに美容師を目指す人はいないと思います。美容師の経験がないまま店長になった人間もいないと思います。

今は店長をしていても、かつては新人として悩んだり、壁にぶつかったり、いろいろな経験をしてきて今の立場になっているはず。そうであれば、「自分も昔同じことで悩んだな～」と記憶をたどっていき、「あのときこういうアドバイスがもらえたら上達できたかも」とか、「こういう教育制度があれば助かったのになあ」と思うことが、スタッフのために、見付けてあげられるのではないでしょうか。

技術力、デザイン力、説明力、営業力、提案力、計画力、修正力。この7つの視点でお客様に、どのような付加価値を提供し差別化できるのか、スタッフ一人ひとりに、皆さんの経験則の中からアドバイスすることを心がけましょう。

例えばMINX銀座店では、僕が考案した通称「バディーシステム」という教育制度を取り入れています。若手とハイ・キャリアのスタイリストにペアを組ませて、毎月面談を重ねて教育するのです。

「そういうお客様はこう対応したらいいかもよ。」

「こんな打ち出しでSNSの投稿してみたら。」

「売上が伸びない理由は接客の○○に問題があるかもよ。」

というふうに、**キャリアの高いスタイリストが、自分の経験則から若手を指導し、つまずきを最小限にする仕組み**です。

また、若手のカットやスタイリングを見て、

「そこ、もうちょっとこういうふうにカットしたほうがいいよ。」

「あのお客様にはこういうのが似合うよ。」

というふうに営業中にその場でアドバイスできるのは、店長が必ずプレイヤーでもある美容師の世界ならではだと思います。

僕も実際、サロンワーク中、隣の若手スタッフがお客様にどんな話をしているのか、新規のお客様のカウンセリングではどんな提案をしているかを聞きながら、自分のお客様を担当しています。時にはカットにかける時間を、時計を見て測ったりもします。

そんなふうに、自分のサロンワークも大切にしつつ、常にスタッフたちの仕事の仕方にも注意を向ける。店長はそうやってスタイリスト一人ひとりの売上を創っていくのです。

2 今の店長は昔の店長と状況が違う

業界の成熟、競争の激化

僕自身ミンクスに入社して20数年が経ち、そのなかで数多くの店長を見てきました。そして社内で店長の育成や指導をしてきました。またセミナーでは多くの店長さんと触れ合う機会の中で、昔の店長と今の店長は役割が大きく違ってきていると感じています。

僕が入社したときの店長を思い出すと、カリスマ性があり技術があり、売上もトップで、憧れに近い目で見られていました。

でも、今の店長は、それら以外にSNSでの発信力や、管理するスキル、お店をブランディングし、ネット予約を管理する、などなど、求められる能力のバリエーションがものすごく増えていると思います。いろいろな面で、自分自身が見てきた昔の店長像を追い

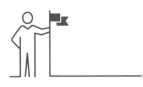

今の役職に求められるもの

昔の店長		今の店長
カリスマ性	＋	統率力
厳しさ		SNS
売上		ブランディング
技術の教育		ネット予約管理
売上管理		口コミ管理
		労務管理
		作品撮影
		マネジメント
		マーケターセンス
		時流を読む
		自分自身をアップデート

かけるだけでは通用しなくなっているのです。

これは業界全体が成熟してきたことと、全国共通で同じエリア内の競争が激しいからではないでしょうか。

ということは、**店長はマネージャーとしての能力を磨いて自店の魅力を上げて他のサロンと差別化し、その先には独自化をしていかないと、成果が出せない**ということでもあります。

プレイヤー意識とマネージャー意識の配分はどうあるべきか

ところで、皆さんはプレイヤー意識とマネージャー意識の割合について、ご自分はどれぐらいだと思っていますか？

プレイヤーだけだった頃は意識の大半をお客様に向けていたと思います。マネージャー的要素は、例えば発注係とか在庫管理係とか、何かの係を担当するときぐらいだったでしょう。そうすると大体の人は、プレイヤー意識9に対してマネージャー意識が1というくらいの感じでこれまで来ています。

でも、店長を任されたらそのままではいけません。

僕の経験からは、**マネージャー意識7に対してプレイヤー意識が3**。これぐらいが、店長として理想的な意識の配分だと思います。

いろんな店長さんや店長候補の人たちと話していると、「自分は5：5です」と答えるのはまだマネージャー意識が高いほうで、大体は「プレイヤー意識7、マネージャー意識3です」と答えます。マネージャー意識が3くらいあれば店長として十分だろうと思って

【プレイヤーとマネージャーの意識の配分】

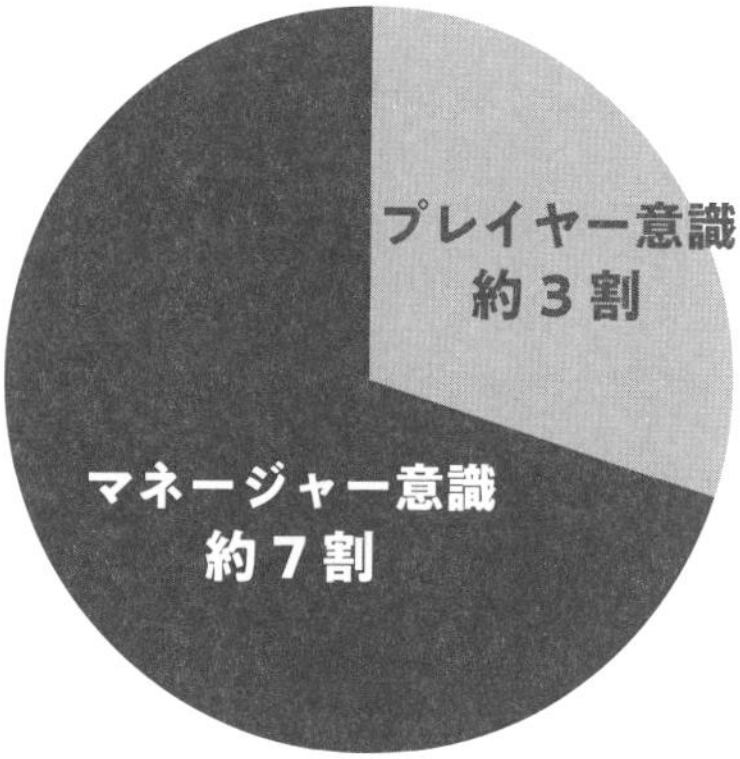

いるのですね。

ただ、こういう店長さんは、実際のお店ではいろんな局面でスタッフたちが違和感を感じてしまう言動をしていたり、スタッフが成長できる仕組みをきちんと作っていなかったりすることが多いです。

それではスタッフは混乱するばかりです。「プレイヤー意識7、マネージャー意識3」ではいけません。逆です。「マネージャー意識7、プレイヤー意識3」に配分を変えてください。

店舗全体で、スタッフ全員で、ご来店いただいたお客様を笑顔にするために努

店長の思考（順序）

「自分の売上よりスタッフの成長を優先する」

↓

「全員で団結して組織的向上を目指す店になるよう導く」

↓

「会社全体の躍進を目指す」

力を重ねていく。そのためには店長が信用できる人でなければいけません。

一言でいえば、今の店長は昔の店長よりも「利他の精神」が求められているのです。自分の売上を上げたいと思うのであれば、それ以上に、スタイリストとアシスタントをボトムアップしていくべきです。

その意味でも、プレイヤー意識とマネージャー意識の配分を変えることが大事です。

顧客の変化と求められる対応

昔に比べて変わったのはお客様も同じです。

情報量は、昔に比べると全然違います。以前は知人の紹介が一番信ぴょう性のある情報でした。今もそれはなくなったわけではありませんが、どちらかというと自分で探して見付けた情報のほうが自分の中に入ってくるんだろうなと思います。どのようなツールがあるかはあえて説明するまでもないと思いますが、そうやってご来店されたお客様に対して現場で感じる変化としては、若手だからとかベテランだからとか、そういった理由でスタイリストを選ぶことが少なくなっている気がします。上の世代のお客様はキャリアで判断する傾向がまだありますが、30代以下のお客様の場合はほぼないように感じます。

美容業界は店のスタイリストをランクで分け、指名料や基本料金を変えるのが普通ですよね。するとどうしても指名されるランクの偏りが発生します。

そこでミンクスでは2013年にランク分けを廃止しました。銀座店からスタートしたのですが、やってみて良かったのは、ランク分けがないぶん、お客様の選択が良い意味で

2020年1月撮影

フラットになったんですね。キャリアが豊富だからどのお客様にも一番合うかといったら、そうじゃないわけで、それよりもスタイリスト個人の特性で選んでいただいたほうがお客様のためになることも多い。

ミンクスの若手スタイリストを見ていても、20代半ばだから若いお客様しか付いていないかというと、まったくそんなことはない。目の肥えた大人のお客様が顧客になっています。

考えてみたら、そもそも今のお客様は若いですよね。意識も、年齢的な意味でも。皆さんも「言われてみれば確かに………」と思うのではないでしょうか。

「もう歳だから前髪作れないわ」みたいなことをおっしゃるお客様はいなくなりました。30代と50

代でお客様に美意識の差はもうないと言っていい。実際に、肌年齢や髪質も今のお客様は若返っています。

ということはつまり、サロン側も売り方を進化させなければならない。

その役割を担うのは……もうおわかりですね。そう、店長です。

では具体的に何をすればいいか。その施策のひとつが「スタイリストの個人ブランディング」です。これについては2章の3節で少し触れた後、3章ではミンクスの実践法も紹介しつつ詳しく解説します。ぜひ参考にしてください。

新人の変化と求められる対応

昔と比べて変わったものとして、新人のメンタルの変化についても解説しておきましょう。

これは特に今年、来年、再来年あたりにかけて顕在化してくると思いますが、コロナ禍の影響で2020年はどのサロンさんも新人教育が例年ほどできなかったのではないでしょうか。だから、新人に関し、美容師としての〝心の質〟が全体的に少し下がってくるのかな、と心配しています。

店長はこの世代の新人たちをこれから現場で指導・管理していくわけで、これは結構大変だと思います。ですから、今の若い世代の基本傾向について、今から勉強しておきましょう。

今の新人たちはコロナ禍で今まで以上に先輩と距離を感じています。コミュニケーションをとりたければ皆さんから話しかけてください。これはもう、店長や先輩たちは必須です。

また、今の新人たちは総じて冷静で客観的です。自分のことであっても客観的に見ています。それ自体は別に悪いことではないのですが、美容師という職業にあっては、それが好ましくなく現れる場面があり得る。このあたりは店長さんが「そのままではいけないんだよ」ということを論理的に説明し、教えてあげなければなりません。

例えばこんなケースがありました。

セミナーに参加された店長さんが教えてくれたのですが、その店長さんのお店のトップスタイリストに付いているお客様で、接客態度に特に厳しい顧客がいらっしゃったときのことだそうです。スタッフたちはそのお客様の予約が朝イチに入っていることを朝礼で共有していたから、開店してご来店された瞬間から、みんな普段よりテンションを上げ気味でお迎えしたそうです。

ただ、シャンプーに入ったアシスタントがたまたま入社したての新人で、その子も朝時にそういうお客様がいらっしゃることは共有していたのですが、普段通りのテンションで普通にシャンプーをしてしまった。それでそのお客様が、クレームというか不満を、スタイリストに伝えたのだそうです。

当然お店としては問題なので、店長さんは閉店後にその子を呼んで理由を聞きました。共有したうえでその接客だったから、何か事情があったんだろうと思ったんですね。

そうしたら、特になかった。特段事情はない代わりに、その子が言ったのは、朝から普段と違うテンションでやっていたら一日持たなくて他のお客様にご迷惑をかけるから、あえて普段通りの接客をしました、ということだったんだそうです。

これ、僕とかその店長さんの世代だと正直あり得ない感覚です。ものすごく客観的で冷静ですよね。しかも上司に呼ばれてこれが言えるのも逆にすごい。僕らの世代はひたすら反省して謝罪して、次からちゃんとしようと誓うだけでした。

僕はこのスタッフが怠慢をしたとはまったく思いません。ただ、今の若い世代のある側面が非常に典型的に表れた例ではあると思います。

彼らは自分で思っているキャパ以上のことは基本的にしようとしません。本当は自分の限界値より少し上の課題に取り組むことで成長に繋がるのだけど、「そのほうが成長できるぞ！」とただ単に言うだけでは、彼らはその気になってくれない。この点はもう、今の店長さんが受け入れるしかない新人側の変化だと思います。

僕は彼らにアドバイスするときは、とにかく論理的な説明を意識します。なぜそうなのか、どうしてそうなのか。そうやって理由や背景も教えます。しかも一番大事なのは、**そのスタッフの成長を願う愛情が伴っていなければいけない。**ここが難しい。

今の店長さんは新人教育ひとつとっても大変なのです。愛情と論理性という真逆のものをバランスよく成立させないといけないから。ホットな愛情を秘めつつも、アドバイスはクールに論理的に。頑張っていきましょう。

3 「店長」は一度やっておいて絶対損はない役割

なぜ店長を任されることはラッキーなのか

プレイヤー意識とマネージャー意識の配分について解説した箇所で、店長は自店の成長を会社全体の躍進に繋げていくことが大事だという話をしました。

会社全体のことを考えている人といえば、筆頭はもちろんオーナー（経営者）です。では各店舗の店長さんはオーナー的な視点は持たなくていいかといえば、そんなことはありません。

僕は他のサロンの店長さん向けのセミナーに登壇すると、

「オーナーが何を考えているかわからない。」

「オーナーが抱えているいろんなことを、自分が理解できている自信がない。」

といった悩みをよく聞きます。

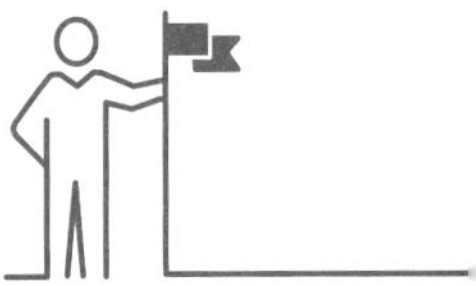

こういった悩みをクリアするためにも、**店長さんは「自分がオーナーだったらどうするか」という視点で店舗運営に取り組むことが大切だと思います。**

いっぽうで、最近は店長職をやりたくないと公言する美容師も多いようです。

管理なんかやらずにサロンワークだけやっていたい、スタイリストの仕事だけしていたい——その気持ちもわからなくはありません。すでに話したように、美容師はみんな、根っこはプレイヤーですから。

でも、想像してください。店長を経験したことがない人が自分の店を持って続けていくのって、結構難しい気がしませんか？

また、将来自分のサロンを持ちたい人も、フリーランスの美容師としてやっていきたい人も、店長経験がある人とない人とでは差が出るように思います。

例えば、店長は自分が任されている店舗をオープンする際、自分のお金を使っていません。そう考えると、店長をやらせてもらっている期間というのは、オーナーさんのお金で経営を学ばせてもらっている期間です。

そう考えると、店長さんはラッキーな人たちだと思います。他人のお金で経営者を疑似体験できるのだから。受講料0円で、自分の将来に備えて、超実践的な勉強をやらせてもらえる立場――それが店長です。しかも手当までもらえる（笑）。こんな得なことはありません。

店長を経験することは自分を成長させるうえですごくいい機会です。ぜひ前向きにとらえてほしいと思います。

あきらめない。やりぬく。―GRITについて―

この本を読んでくださっている皆さんにはもうひとつ、約束してほしいマインドセットがあります。

「あきらめない。やりぬく。」――これです。

このことについて考えるとき、僕はいつも「GRIT」という言葉を思い出します。

ちょっと前に『やり抜く力 GRIT（グリット）』というビジネス書がベストセラーになりました。アメリカの心理学者が書いた本で、僕も読みましたが、その内容に強く共感しました。

成功する人というのは素質や才能よりも情熱と粘り強さを持っている人だ、ということで、そのための4つの要素の頭文字をとって「GRIT＝やり抜く力」と定義していました。

GUTS（ガッツ：度胸）　困難なことに立ち向かう
RESILIENCE（レジリエンス：適応力）　さまざまな状況に対応する
INITIATIVE（イニシアチブ：自発性）　自分で目標を見据えて行動する
TENACITY（テナシティ：執念）　最後までやり遂げる

もともと持っている能力で決まるんじゃないんだ、というのは僕もその通りだと思います。それよりは、何でもそうですが、**小さな成功体験の積み重ねが自信になり力になります。**ということは、店長さんは頑張ってほしいスタッフたちに、成功体験をさせてあげることが重要なのではないでしょうか。

成功体験とは「苦手を乗り越えた」「目標を達成できた」という経験のことです。

だから店長さんは、スタッフたちが目標を達成しやすくなるようサポートをしてあげてください。例えば定期的に達成率を聞いてみる。「今日でどのくらい達成できた?」と直接声をかけて聞くだけでも相手の意識は違ってきます。忘れていた人は「そうだった、やらなきゃ」と思い出すでしょうし、忘れず取り組み続けていた人は「ちゃんと見てくれているんだな」と思ってさらにモチベーションが高まります。そうやって成功＝達成に導いてあげるのです。

「やっているつもりだけど、なかなか……」という店長さんは、スタッフに目標を設定してもらう際に、次の３つを確認してみてください。

数字の透明性と根拠…数字が〝見える化〟されているか。根拠はあるか

目標自体の魅力度…達成することのメリットを本人が感じられているか

到達可能性…最初から無理な目標を立ててしまっていないか

これらの要素が揃っていれば、スタッフたちはあきらめずに目標に取り組めます。そして達成した経験が積み重なっていけば、仕事に対する姿勢が違ってきます。「やり遂げた先に見えるゴール」をイメージできる人に変わっていくからです。

そこまで導いてあげるのが店長の役割です。だから最後まであきらめないこと。**店長さんがあきらめてしまったらスタッフがやり抜けるはずがありませんよ！**

4 これをクリアすれば「デキる店長」になれる！

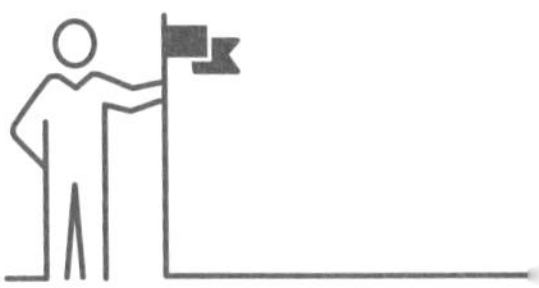

ちゃんと「リーダーシップ」を発揮しよう

「デキる店長」になるためには、マネージャーであるだけでは、実は駄目です。店長はそのお店のリーダーでもあります。店長がちゃんとリーダーらしくリーダーシップを発揮しないと、スタッフたちはどこを目指せばいいかわかりません。

僕はミンクスの会長である高橋、社長の岡村から、

「店はトップで90%以上決まる。」

と教わってきました。店長の意識や行動でサロンのすべてが左右される、スタッフが成長するかしないかも店長次第だという意味です。

店長の判断で、行動で、言葉で、お店はどの方向にも向かいます。皆さんも先輩店長を

ミンクスの教え

店はトップで90％以上決まる！

見てこのことを感じていたと思います。

だから、「リーダーであること」から逃げずに、スタッフたちに向けて、「力を合わせてやっていこう。みんなでこの方向を目指そう！」と、自分の信じる道を示しましょう。そうやってリーダーシップをちゃんと発揮する店長が「デキる店長」です。

リーダーシップを発揮するやり方がわからないときのヒント

ただ、スタッフたちを導く存在がリーダーだと言われても、具体的にどの方向に導けばいいか、どんなふうにやればいいか、最初は戸惑うと思います。

そんなときは、「店長はオーナーの右腕として店舗を任されている存在である」ということを思い出してください。

店長はグループでナンバー2の立場です。オーナーの考えやヴィジョンを理解して自店のスタッフたちに浸透させ、オーナーの描くゴールに導くことが求められます。

そして、まさにこの点が、店長がリーダーシップを発揮するうえでのヒントになります。

例えばスタッフから何か相談を受けたときに、「オーナーだったらどう答えるだろうな」と考えてみるのです。オーナーがよく使うワードを探して、スタッフにアドバイスするときは意識的にそれを使ってみるのも、ひとつの手だと思います。

もちろん、形だけ真似をしろという意味ではありません。オーナーがそのワードを好んで使う理由を理解し、自分も納得したうえで使うようにしてくださいね。

店長って何するの？　―人・モノ・カネ・情報・時間の管理―

店長は管理職と一般的には呼ばれます。管理は「マネジメント」と言われますが、具体的な実務には何があるでしょうか。

ビジネス書や経営論の本を開くと、よく**「人・モノ・カネ・情報・時間」**というキーワードが出てきます。これは店長の５つの管理内容としても、シンプルで、一番的を射ていると思います。

ただし、店長とオーナー（経営者）とではとらえ方の規模が違うと思います。オーナーはグループ全体でとらえるのに対して、店長は基本的には店舗単位でとらえます。所属している店舗の「人・モノ・カネ・情報・時間」をしっかり管理し、最適に運用して成果に繋げること。それが店長に課せられたミッションです。

ミッション1　【人】の管理

これはもちろん、お客様とスタッフのことです。

僕たちの手でお客様に、感動を与えたり、時には人生を変えたりします。スタッフ一人ひとりがお客様とどう向き合うのか？「日々の教えが大切」とミンクスでは常に教えられてきました。

店長から見てお客様が大切なのはもちろんです。でも同じくらいスタッフが大切です。**スタッフが笑顔だからお客様が笑顔になれる**、と僕は思っています。

ですからスタッフたちに笑顔が無くなると辞めていきます。この場所で働き続ける理由がわからなくなってくる。またスタッフはそれぞれ生活や目標達成、夢の実現のために働いています。

店長は、彼らが成長し続けられる環境を作ってあげなければいけません。

また、たくさんあるそれぞれの仕事を、誰に任せて、今は誰を、どのタイミングでフォローすべきなのかを考えていなければなりません。

店長は美容の技術はある程度できる人たちです。次は「人を動かす技術」を身に付け、スタッフたちを導いていきましょう。

お客様管理に関しては、「お店での滞在時間を通し笑顔を提供し続ける」こと。これに尽きます。この内容はまた違う章で詳しく触れていきたいと思います。

ミッション2 【モノ】の管理

モノとは店内の備品や材料、設備機器類のことです。業務で使う機器を管理するとか、商品を過剰に抱えすぎないように在庫をコントロールするとか、サロン内の設備を清潔に保つこともここに入ります。お客様の満足度を下げないギリギリの適正在庫や備品の数を割り出していくことが重要です。

最近ではレジシステムと連動して在庫を管理できる場合も増えてきています。

係に任せているケースも多いかと思いますが、定期的にラインナップや在庫をチェックし、**売れ方を把握する習慣を付けることが重要です。**良い商品であってもスタッフ自身が飽きてしまい、売れ行きに変化が生じることもありますから。

また、オススメが多くても売れないものです。僕も経験がありますが、メーカーさんの

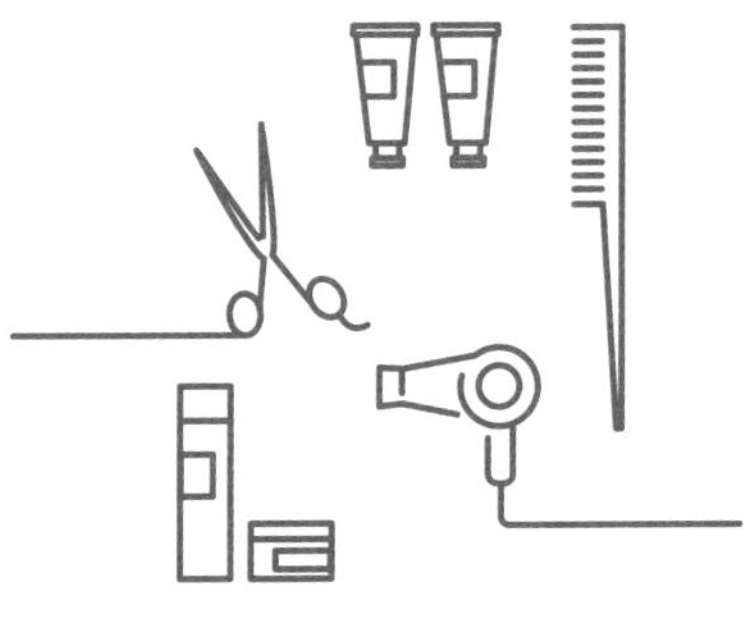

キャンペーンで店内の企画を考えた際に、知らないところで多くの在庫を抱え、売れていないのに翌月の支払いが高額に……といったことがありました。

キャンペーンを盛り上げるいっぽうで、在庫と販売個数についても、その都度チェックしていきましょう。

ミッション3 【カネ】の管理

これに関しては、すぐに浮かぶのは売上の管理だと思います。でも、それ以上にチェックしておかないといけないのが経費です。

「材料費を抑えるように！」ということはよく言われると思いますが、材料や備品の経費を抑えたことでお客様の満足度が下がってもいけません。

他の経費も注意して管理しましょう。集客サイトには月いくら払っているか？ それらは本当に必要なのか？ 経費をかけた効果はどうか？ 良い方向に向かっているのか？すぐには結果に繋がらないことも多いですが、それらが適正範囲に収まるよう管理してください。

また、経費管理では、経費を使う目的まで考えましょう。この経費は何のために使うの

か。これによってお客様の満足度や数字がどのくらい増え、リピートや利益はどのくらい増えるのか。店長は売上だけではなく、顧客満足度と利益（売上―経費）のバランスを見る視点を養うことが重要です。

それと、他に難しいのが新メニューの値決めです。値決めは基準（考え方のタイプ）を知ることが大切です。

①仕入れ額や一人あたりのコストと施術時間に一定の利益を設定する「コスト型」

②他のサロンの価格を参考にライバルサロンに価格で競争する「競争型」

③お客様への付加価値と需要を満たし利益が最大になるよう設定する「需要型」

僕は右記のような視点で適正値段を設定するようにしています。

ミッション4 【情報】の管理

これには、例えばＳＮＳの管理が該当します。スタッフが日々投稿しているＳＮＳを監視するのではなく、店舗としてどうお客様に映っているのかを客観的にとらえる必要があります。

また、セキュリティを含めた顧客情報やカルテ管理、ポスレジのデータを分析することも情報管理です。レジシステムの基本的な分析機能を利用し、**〝売上の元〟になる情報を分析し基準を作り、どうやって顧客満足なりスタッフの売上アップなりに繋げるかを考えましょう。**

これはマーケティング的な要素も含みますね。マーケティングについては別の章でも触れさせていただきます。

他に、商品のＶＭＤ（ビジュアルマーチャンダイジング）をどこで仕掛けるか決めるのも、店長の情報管理業務のひと

つです。なんとなく発信したり導入するのではなく、情報を精査していろいろな判断の元にすることが大切だと、僕も最近つくづく感じています。

ミッション5 【時間】の管理

最後は時間。これは具体的には何を管理するのでしょうか。

技術スピードを上げることに関しては、皆さんもアシスタント時代から言われ続けてきたと思います。スピードが速くてクオリティが良ければ当然顧客満足は高まりますよね。

それに加えて店長に管理してほしいのが、お客様の滞在時間です。これが長くて席が埋まってしまうことがないよう、**滞在時間を短くして回転率を上げつついかに顧客満足度を作っていくかを、店長は常に考えてください。**

メニューによっては時間がかかるもの、かからないものが当然あります。それらの時間と料金の関係を正しく見合ったものに設定することも、価格管理のように見えて、実は時間の管理です。実際の価格はオーナーさんが決めるとしても、時間コスト、あるいは時間あたりの生産性は店長も意識すべきです。

これら5つの管理を戦略的に機能させ、お客様の満足とスタッフの成長を導くこと。その仕組みを確実に形にし、みんなが楽しく、夢を持って目標に向かって働ける店を作り上げること。これが店長のミッションだと僕は思います。

店長にもタイプがある ―3つのタイプと「ベストミックス」の勧め―

店長の管理業務が理解できたら、次は自分について理解しましょう。

僕の経験上、店長さんには3つのタイプがあります。しかも、タイプによって、大切にしている部分やウィークポイントが結構違います。

まずは自分がどのタイプに当てはまるかを知りましょう。そして、3つの傾向のベストバランス（＝ベストミックス）を目指していきましょう。

タイプ1 スタープレイヤー型

このタイプの店長さんは「チーム全体で」とか「スタッフ全体で」という意識が薄い傾

向があります。個人の能力はもちろん高いので、周囲が遠慮してしまって発言し難い空気が生まれがちです。

また、このタイプは特定の（＝能力が高い）スタッフを評価する傾向があります。無意識のうちにそうしてしまうのです。すると大体は、店舗全体の問題に気付くことができなくなり、店舗の一体感がなくなってきます。

この落とし穴にはまって店舗が伸び悩む店長さんは多いです。プレイヤーとして優秀だからそうなるのですけどね。

タイプ2　メンテナンス型

「うちの店長、やさしくていい人だけど………」とバックヤードでスタッフたちに噂されているのがこのタイプです（笑）。仲間意識を大切にするところはいいのですが、このタイプは目標達成とか数字への意識が薄いのが難点です。

あと、このタイプの店長さんのお店は細かいルールがあいまいになりがち。本人が「厳しいことを言ってしまうとスタッフに嫌われてしまうのでは」と迷うから、なし崩し的に店内の統率がゆるんでくるのですね。

店長3タイプの特徴一覧表

スタープレイヤー型	メンテナンス型	リアリスト型
●個人プレーに走りがち ●個人売上は高いので周りが遠慮する ●特定のスタッフだけ評価する傾向 ●組織全体の問題に対して鈍感	●「いい人」どまりの傾向 ●目標や数字へのこだわりが薄い ●細かいルールがあいまいな店になる ●やったことの成果が出にくい店になる	●何でも売上中心で見てしまいがち ●スタッフの感情に配慮が足りない傾向 ●成長スピードに合わせた指導が苦手 ●指示が細かいのに確認はおろそか
プレイヤーとしては優秀	仲間意識を大切にする点はgood	現実を見るべき状況では頼りになる

3つのタイプのベストミックスが理想！

するとスタッフたちはいろいろな場面で迷いがちになります。また、小さい工夫や改善が結果に繋がっていかないので（エネルギーロス）、取り組みや目標の成果が現れにくい店になります。

タイプ3 リアリスト型

現実主義者の店長です。このタイプの傾向としては、視野が狭いことです。

理由は、数字を中心に考えてしまうから。結果を出している人の意見が優先されてしまい、判断基準が数字や結果になりすぎて、スタッフの感情に配慮が足らなくなるのです。

売上以外の部分で大事な貢献をしてく

れているスタッフはどの店にもいます。そういう人も貴重な戦力です。スタッフ一人ひとりの成長スピードに合わせた指導を心がけないと、結果的にスタッフの成長を阻害してしまうわけで、このタイプの店長さんも困りものです。

僕のお勧めは3タイプそれぞれの傾向のバランスをとることです。スタープレイヤー型、メンテナンス型、リアリスト型店長それぞれの良さをベストバランスでミックスさせる。知らないうちにはまっている落とし穴から出るには、自分の傾向を自覚することが近道です。謙虚に認めて、修正しましょう。

店長に身に付けてほしい「価値観」とは

修正といっても具体的に何をすればいいのか。僕のお勧めは、次に挙げる7つの価値観を実践することです。

価値観1「共通の目標」

店全体で共通の目標を持ちましょう。

アシスタントの時期やスタイリストになりたての頃はよく「君の目標は………?」と先輩に問われてきたかと思います。もちろん、店長ともなると個人の目標だけでなく店舗全体の目標、店舗戦略というものが必要になってきます。

それも、根拠と現実味をともなった、スタッフ全員が納得する目標にしてください。目標は数字だけに限りません。共通の行動目標なども含みます。

価値観2「優先順位」

優先順位を明確に決めてください。

サロンワークのいろいろなシーンの優先順位を決めること。例えばＭＩＮＸ銀座店の場合、営業中、優先順位が一番高いのは「お客様のシャンプーを待たせないこと」です。

これによって、忙しいときには、シャンプーの待ち時間もしくはシャンプー待ちのお客様の人数を、全員がリアルタイムで共有するようになります。するとフロア内の優先順位が明確になり、全員がそこに向けてお互いバランスをとりながら動くようになります。優先順位なしでマニュアルだけでやっていると、イレギュラーな事態が起きたときにお客様に満足していただけません。

価値観3「明確な行動計画を把握する」

重要なのは「行動計画」です。

具体的に何を、いつまでに、誰がやるのか。店長はそこまで計画を立てておかなければなりません。そして、3ヵ月とか半年ごとに計画を振り返る。必要と思えば修正する。スタッフや係に任せた事柄、プロジェクトが計画のどの段階にあるのか。定期的に見直す時間を持つことが有効です。

価値観4「問題意識」

お店の成績が悪いときは、当然、問題意識のなかで仕事をしていると思います。

でも、逆に成績が非常に良いときも、日々の自分の行動やスタッフたちの言動に対して、問題意識を持つことが大事です。お客様に関することはもちろんですが、スタッフたちの何気ない会話を注意深く聞くとか、その表情を確認するとかです。つまり、日常に馴れない姿勢が、店長には必要です。

価値観5 「不平不満を受け止める」

スタッフの数が多ければ、そのぶん、出てくる不平不満も多くなります。「またか！」「愚痴ばかり聞きたくないよ」と思ってしまう気持ちはわかります。でも、視点を変えるとスタッフたちは「自分では解決できない」「店長！　助けて」と言っているのです。だから、心の声が漏れているととらえること。それらを受け止めて店舗で共有し、改善を続けていくことが店舗の向上に繋がります。

価値観6 「自ら行動！　実行！」

店舗全体で「これをやっていこう！」というものがあるときは特に、店長が率先して取り組みましょう。

下の人間に任せること、副店長にお願いしたいことがあっても、丸投げは禁物です。フォローもしっかりやってください。

店長は「率先行動」と「有言実行」を忘れないようにしてください。

価値観7 「利他的であれ」

何事も自分優先で動いたり考えたりしないことです。

マネージャー意識を7割持ってください、という話をすでにしましたが、自分の売上ばかり見ている店長のもとでは、スタッフがやる気になるはずがありません。店長は自分のことは後回し。スタッフの成長とお客様の満足を優先しましょう。

2つの価値観と「組織」の関係性について

次のページの図をご覧ください。価値観AとB、2つのタイプの店長さんがいるとします。Aタイプの店長さんの価値観は「問題が起こらない組織にしていく」。Bタイプの店長さんの価値観は「問題が起きるのは組織として仕方ないと受け止める」。両タイプの典型的な管理方法やスタッフたちへの接し方、それによって起こるお店の変化をまとめてみました。

店長の価値観 Aタイプ Bタイプ

		価値観 A	価値観 B
店長	基本の発想	「問題が起きない組織にしよう」	「問題はある程度は起きるから、どう改善していくかを考えよう」
	基本のアプローチ	ルールで縛る（違反者には罰金）	ヒアリングを多く持つ（傾聴姿勢）
スタッフ	行動傾向	ルールを守ることが最優先になる	報告を上げてくれるようになる
	メンタル傾向	「怒られないかな…（ビクビク）」	「フォローしあってみんなでいい店にしよう」
	顧客対応	「これくらいでいいだろう（店長や先輩たちに怒られないことを優先）」	「もっとこうできるんじゃないかな（お客様の期待に応えることを優先）」

Bの価値観の店長を目指しましょう！

海外でセミナーを開くと、参加した店長さんはAタイプの人が多いです。管理方法としては、ルールを多く作ろうとします。そして、守らなければ罰金という話もよく聞きます。すると、スタッフたちの行動基準は「ルール順守」になります。ルールを守るスタッフがいいスタッフだ、という価値観の店になっていくのです。

そうするとスタッフが、先輩に怒られないよう、お客様よりも先輩に気を遣うようになります。先輩に怒られたくないので、お客様には、「まあこんなもんじゃないかな」という営業をしてしまうのです。これは日本も同じです。皆さんも経験がありますよね（笑）。僕もあります。

怒られたくないあまり、スタッフが美容師の本質を見失ってしまい、お客様優先になれない。——こんな店にしてはいけません。なので、皆さんはBの価値観を持ってほしいと思います。僕もBを実践するべく頑張っています。

Bの店長が実践できる管理方法は、コミュニケーションを多くとること。「売れているスタイリストが必ずしも「デキる店長」になれない7つの理由」の2番目で**「コミュニケーションは密度より頻度」**という話をしましたが、組織を変えていくためのコミュニケーションはある程度時間がかかります。あきらめずにコミュニケーションを図ることです。

これを実践していくと、スタッフが、何かあればすぐ報告・相談してくれるようになります。すると新たな気付きや、今まで店長が知らなかった課題が見えてきます。それらをきちんと解決していけば、スタッフが物を言いやすい、風通しがいい組織へと、店全体が変わっていきます。また、スタッフどうしでちゃんと報告・相談し合う空気が生まれます。

Aの価値観の組織とBの価値観の組織ならBのほうが良いことは、こうやって説明されればわかると思います。でも、Aの組織もいまだにあります。それでも昔は良かったかもしれませんが、今はできるだけBの価値観の組織に変われるよう、根気強くコミュニケーションを図り、スタッフたちを導いてください。

COLUMN

オーナーと一緒に組織を作っていくために

全国いろんな街の店長さんの悩みを聞いていて、あらためて感じることは、店長さんとオーナーさんが問題意識を共有することの難しさです。

正直な話、店長の肩書があるだけで何も店長らしい業務はやっていない人が結構います。そういうサロンさんは、オーナーさんが店長を連れてセミナーにいらした際に、「店長の業務を教えてやってほしい」とおっしゃいます。

それでお話をうかがうと、本来店長が担うべき実務を全部オーナーさんがやっていたりします。オーナーさん自身、こういう業務は店長マターで、こういう業務はオーナーがやるべきで、という線引きがあいまいなのです。

そうすると店長さんは完全にプレイヤーになります。意識としてもプレイヤーに留まってしまうのです。最初のほうで「プレイヤー意識とマネージャー意識の割合が7：3程度なのは問題です」と述べましたが、3すらもない。これではサロンとして事業を拡大していくことはできません。

この問題を仮にオーナーさん側だけで見るとしたら、もしかしてオーナーさんは、個店時代の感覚のままでサロン経営ができるとお思いなのではないでしょうか。

この本を読んでくださっている皆さんは基本的に、2店舗から3店舗、3店舗から4店舗というふうに、サロンを会社として育てていきたい方々だと思います。あるいは、今は1店舗でも、将来的にお店を増やせたらいいなと思っている方々だと思います。

であれば、個店業態が美容室のスタンダードだった時代の感覚は、キッパリ捨て去りましょう。そしてこれからは、常に組織としてサロンをとらえるようにしましょう。

今1店舗のオーナーさんは、スタイリストの一人を店長に据えていても、当の店長さんはたぶん、店長の自覚を持っていません。だからスタッフは何かあると店長を飛び越してオーナーさんに直接言ってきます。それだと組織とは呼べませんよね。

この本はそういう、「オーナーさんも店長さんも互いに何をしていいかわからない」サロンさんに向けた本でもあります。しっかり読み込んでいただいて、店長さんはマネジメントを覚え、オーナーさんは任せるべきは店長に任せることを覚え、一緒に組織を作っていける関係になってください。

1章はどちらかというと意識、マインドの部分を中心に述べてきました。次の2章からはいよいよ、店長業務を進めるための、実際の仕組み作りの話に入ります。皆さんの課題解決のお役に立てれば幸いです。

第2章

店長業務の実際

―どうやる？ 店長の管理業務―

1章では「店長って何？」というテーマで、デキる店長になるための考え方や価値観についてお話ししました。2章では店長の管理業務の実際について、何を心がけてどういうことをやっていけばいいか、具体的に解説していきます。

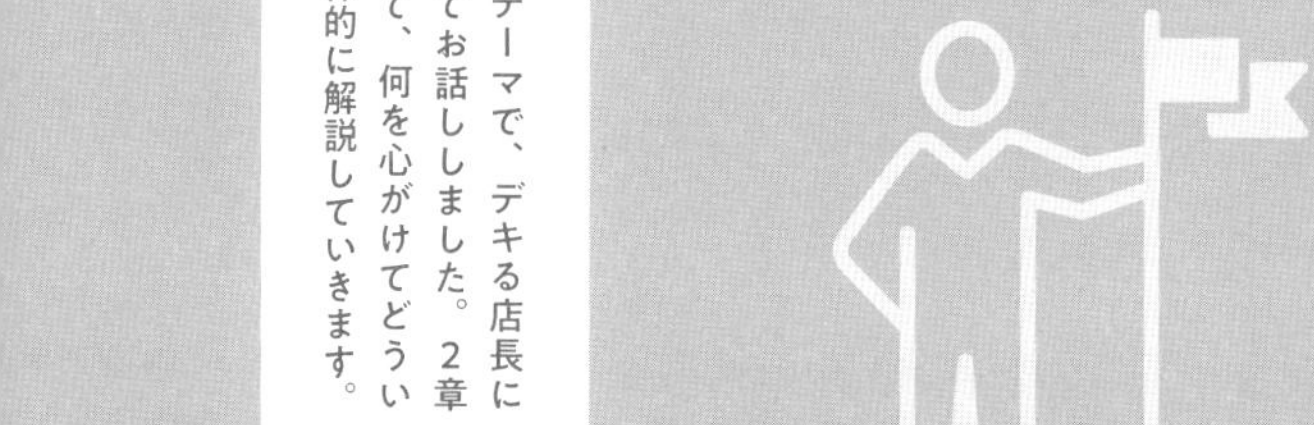

1 サロンを向上させるための基本

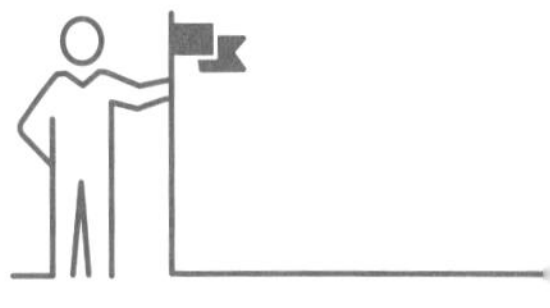

2割のトップと1割の首脳陣を決める

最初に重要なのは「報告・連絡・相談」です。「報連相」と略されますね。店長は「報連相」を確実に行うこと。これがすべての基本です。

では、その報連相を誰と行うか。ミンクスには**「情報共有は2割のトップと」**という教えがあります。ＭＩＮＸ銀座店はスタッフが60名で、その２割は12名ですから、僕の場合は特に上位12名との報連相で情報を共有してサロンを管理しています。

さらにそのうえで、僕は**「意思決定は1割の首脳陣と」**行うようにしています。

１割の首脳陣で会社の想いや経営の方向性をしっかり理解・共有し、自分たちの所属店舗でやるべきことを決め、首脳陣も含めた上位２割のメンバーでスタッフたち全員を巻き込んでいく。店長さんはぜひこの形をお店で実現してほしいと思います。特に20名以上の大型店舗には、これは大切な仕組みではないでしょうか。

この形にしておけば、一般のスタッフたちから準備スペースで文句や不満が出たりバックルームでスタッフから疑問が出たりしたときに、店長がその場にいなくても代わりに誰かが教えてあげられます。それによって、スタッフたちが「なんでこれってこうなんだろう？」と不安を持ったまま働かなくてもよくなります。

スタッフを動かす仕組みを作る

スタッフを動かす仕組みを作ることも重要です。

仕組みを作るために、まずはいろいろな決めごとを作ります。こういうお客様が来たらカルテにこう記入するとか、新規のお客様のカウンセリングでは必ず○○を確認するとか。そういうことからで構いません。

そしてそれらを実際の行動パターンやサロンワークの流れに落とし込みます。できれば

PDCAサイクル

●改善策を実行してみる
●足りない点をあぶり出す
●２周目以降：万全になったパターンを全員で習慣化できるまで何度でもサイクルを回し続ける

●「パターン化しよう」
●「マニュアル化しよう」
●「習慣にしよう」
●２周目「このパターンのここをこうしよう」

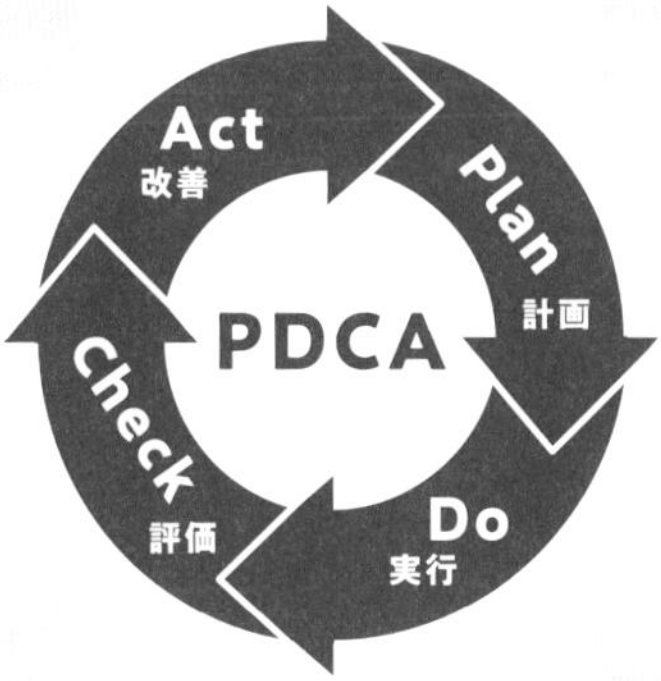

●やってみてどうだったか検証する
●改善点をあぶり出す
●改善策を見つける

●決めごとを作ってみる
●パターンにしてみる
●実行してみる
●マニュアル化してみる

店舗でマニュアル化してください。そうすることで全員が迷わず動ける状態にするのです。

そして、ここからが重要ですが、それらのパターンを**習慣化させてください。**パターン化とマニュアル化まではやっていても、それをスタッフ全員で習慣にできているかというと、案外できていないと思います。それでは店長の管理業務を果たしたと言えません。

２割のトップと1割の首脳陣と共に、パターンがスタッフたちに習慣化されるまで、全員を引っ張っていく。ここまでできて初めて、スタッフを動かす仕組みが作れたことになります。

習慣化されると新たな問題が見えてきます。それらをひとつひとつ、ＰＤＣＡサイクルを回しながら改善していきましょう。

サロン向上のピラミッドを意識する

ＰＤＣＡの他に、サロンを向上させるためには「サロン向上のピラミッド」も意識しましょう。

次ページの図を見てください。一番上が利益。そこから順に売上、顧客満足、スタッフ

サロン向上のピラミッド

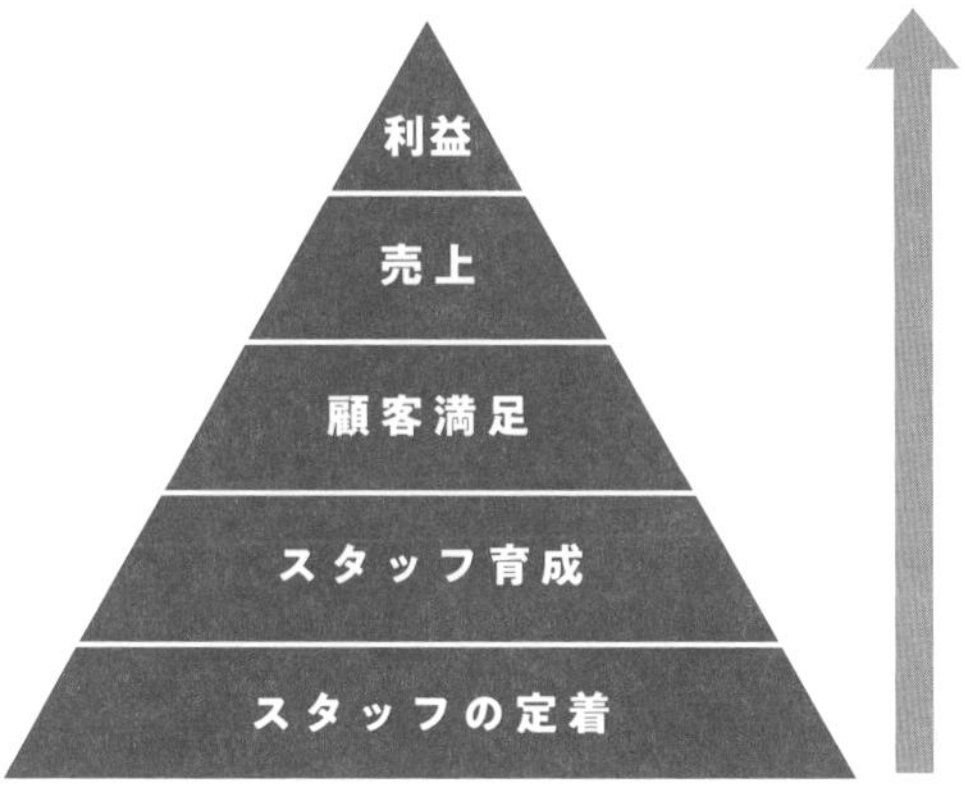

の育成、定着となっています。

一見すると利益が優先で下はその付随要素みたいに見えますが、そうではありません。

顧客満足や売上の重要性は皆さんもいろいろなところで教わっていると思います。

でも、実はもっと大事なのが、スタッフの満足と定着です。これがしっかり土台にあるから上の全部が成り立つのです。矢印が下から上に伸びているのはそういう意味です。

スタッフが定着し、成長意欲を持って働ける店になるよう、報連相を確実に行い、2割の上位メンバーで全員を引っ張って、スタッフが納得して働けるサロンを作る。それが最終的に売上と利益にも繋がります。

2 スタッフと向き合う

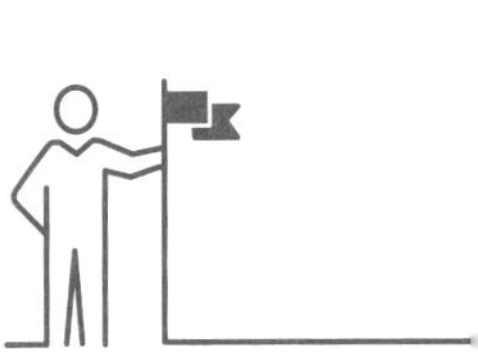

なぜあのスタッフは辞めていったの？ ―離職状況の6分類―

オーナーさんや店長さん向けのセミナーで必ず聞かれるのが、「ミンクスはどうやって離職を防いでいるんですか？」という質問です。それぐらい、スタッフの離職問題は全国どのサロンも共通の悩みなんですね。

まず、スタッフはどういうタイミング、どういう状況になると辞めてしまうのかを確認してみましょう。これは6つに分けることができます。

自己実現できない…「こうなりたい」と思って入ってきたのに、この店ではそれが実現できなさそうだな、と思われてしまうと辞めていきます。

目標が見えない…目標にできる先輩や目指すべき目標も見えない。こうなるとスタッフは辞めていきます。

大義名分が見えない…お客様に喜んでもらいたい気持ちは、美容師だから当然みんな持っています。でも、プラスαが見えなくなるんですね。「これって本当にお客様のためになってるのかな」と疑問に思ったり、「うちの店って本当にお客様にいいデザインを提供できてるかな」と思い始めると、この場所で働く意味がわからなくなって辞めていきます。

居場所がない…自己承認欲求が満たされていない状態です。大型のサロンだとスタッフが大勢います。MINX銀座店は1年目のスタッフだけで常時10数人います。そのおのおのが店で自分の役割や存在意義を感じられないと、何のために働いているんだろうと思うようになり、辞めてしまいます。

待遇に不満…皆さん、福利厚生を充実させるなど、スタッフに安心して働いてもらえる努力はされていると思いますが、それ以外の部分も大事です。休憩の取り方やスキルアップ、キャリアアップの仕方まで考えてあげていますか？　そういったトータルな意味での待遇がスタッフ定着のためには大事です。

将来が不安…立派なスタイリストになるという目標は理解していても、〝その先〟に何があるかが見えないと、スタッフは不安を募らせます。これも辞めていく原因になります。

これらを踏まえて結論です。**「不安を安心に変えれば、スタッフは辞めない」。**

店長クラスになればどれもすでにわかっていることばかりかもしれませんが、わかることとそれができていることは別です。前節で述べたサロン向上の基本と、これから2章で述べていくことを参考にして、「不安を安心に変える」を、ぜひ実行してください。

スタッフを安心させ、店長として信頼されるための心得7つ

どの会社でも、従業員はトップを見ています。サロンスタッフは店長を見ています。店長のことが信頼できないと、スタッフは安心して働けません。

そこで、僕が自分の経験で身に付けた「信頼される店長の心得」を7つ挙げてみます。

1 価値判断の基準を持つ

重要なのは基準を持つことです。ミンクスでは「役職は判断を下すのが仕事」と教えられてきました。店長はその際の**判断基準を定め、しかもそれをブレさせないことが大切**です。

このときはこう判断をしたけどあのときはこうだった、みたいなことはNGです。もし判断が変わってしまうことがある場合は理由をしっかりと説明しましょう。そうでないとスタッフから信頼されません。判断の基準を自分のなかで一定にしましょう。

2 評価は「人」と「成果」の両方で

成果については、売上とか新規指名数とかで定量評価ができるからわかりやすいと思います。

でも、もうひとつ。「人」の部分も評価してあげてください。

成長のスピードは人それぞれ違います。努力していても成長が遅いスタッフはいます。

スタッフの評価

仕事的側面	人間的側面
実績	人望
目標達成率	信頼
リピート率	誠実
店舗貢献度	素直
	謙虚
	行動

でも、お客様のために、店舗のために動いている。そういうところも評価してあげてください。

実際にあった話ですが、売上が高い、新規指名も多い、でも正直、店のため仲間のためには動いてくれないスタッフがいました。それだと当然、評価は下がりますよね。本人には、どうなることが望ましいのか直接伝えて、改善してもらいましたが。

3 任せて任せず

店長は「任せる」ことが仕事だったりします。でも、「任せっきり」は違います。あれは誰に振りました、あれは係のスタッフに任せています——こういうのは駄目です。

任せるだけでなく、最大限フォローしてください。任せたことがちゃんとお客様のためお店のためになっているか、管理してください。

任せっきりの店長を僕は何人も見てきましたが、大抵、「指示ばっかりして自分は何もやらない」と裏で言われています。丸投げの店長は信頼されませんよ。

4 傾聴する姿勢を持つ

ただ話を聞くというだけでなく、スタッフがどういう考えでその意見を言っているのか、その人が持っている**価値観にまで耳を傾ける**ことが重要です。スタッフの〝心〟に向き合いましょう。

5 環境を整える

物理的な環境のことだと思われるかもしれません。もちろんそれも大事ですが、ここでいう環境は店全体の雰囲気のことです。滞在中のお客様が感じる空間の雰囲気を良くする、スタッフが成長を目指せる雰囲気にする、などなど。**店長はお店づくり全体に責任を持つ**

立場だと心得てください。

6 信念を貫く

自分が信じた道を貫いてください。人数が増えてくるといろんな意見が出ますが、なぜそうするのかという目的を見極めながら、スタッフを導いてください。

たとえ反対されても、「これは絶対お客様のためになっている、みんなのためにもなっている、正しい」と思ったら貫く勇気も、ときには必要です。

7 目標を達成させ、成長させる

目標は立てたら達成しないと意味がありません。店舗の目標だけでなくスタッフの目標に対しても、その人が達成できるよう全力で支援することが店長として最低限の心得です。

これらを一言でまとめると、**「スタッフ個々の価値観を理解しながら引っ張っていく」**ということになります。

美容師は個性が強い人種（笑）です。納得しないと付いてきてくれません。付いてきてもらえる店長になれるよう、7つの心得を肝に銘じて、頑張ってください。

個々の価値観を見極めてモチベーションアップに繋げる
―価値観の6タイプ―

「スタッフ個々の価値観」という話が出たところで、モチベーションと価値観の関係について解説しましょう。

僕はよくセミナーで、「スタッフのモチベーションを上げるにはどうすればいいですか」と質問されます。

でも、そもそもモチベーションとは何でしょうか？

いろいろな切り口があると思いますが、僕は、美容師の世界では個人の価値観がそのままモチベーションの要素になると思います。

このことはモチベーションをテンションと比較するとよくわかります。

「テンションを上げていこう！」と僕も若手の頃は先輩からよく言われていました。そんな声を掛けられると後輩としては「頑張ろう！」と一瞬にしてテンションが上がるものです。

そのように、テンションを上げるのは比較的簡単です。店長と一緒にご飯を食べに行ったらスタッフたちは帰宅するまでテンションが高いままです。でも、翌日出勤する頃にはテンションは下がっています。

上がるのも下がるのも早いのがテンション。

モチベーションは逆です。そんな単純なことでは上がりません。でも、いったん上がればなかなか下がりません。

上げにくいが下がりにくいのがモチベーションです。スタッフのモチベーションを上げるためには、相手の**個人的な価値観**に響かせることを心掛けてください。

では、個人の価値観（モチベーションの源）にはどんなものがあるでしょう。一般的に6つに大別できると言われています。

❶常に刺激を求めて自分の考えを優先する…　新しい感覚や新鮮さを求める。いわゆる「利己」がこれに当たります。自己中心的な価値観です。

❷認められる…　出世や、個性を表現して認められることを重視する価値観です。自己承認欲求が価値観のベースになっている人に多いです。

❸仲間に囲まれた状態を大切にする…　今はこの価値観の人が非常に多い印象があります。フランチャイズ展開をしているような大きなサロングループでは特にその傾向が強

いように感じます。セミナーで店長さんたちの話を聞いていても、この価値観がスタッフのモチベーションに繋がっているお店は多いように感じます。

4 安心できる環境を求める…　いわゆる安定志向のタイプですね。もしかしたら美容師にはそんなに多くないかもしれません。

5 技術、知識を向上させる…　この価値観の人はスタイリストやトップの方に多いと思います。美容師はやっぱり技術職なんですね。

6 人のために貢献する…　ナンバー2的ポジションやサポートする側に回ると張り切るタイプです。自分の成長を後回しにしがちなので、注意してフォローしてあげるようにしてください。

モチベーションには環境や立場も左右しますので変化していくと言われていますし、複数に当てはまる方もいらっしゃるかもしれません。

ちなみに僕は5番目のタイプです。でも、例えば4番目の価値観のスタッフに「もっと技術を磨こう！　スキルが上がると絶対楽しいよ！」と言っても、それは僕の価値観を押し付けているだけです。

モチベーション＝価値観の６タイプ

６つのモチベーションを理解する

1 常に刺激を求め、自分の考えを優先する価値観 → 自由
2 認められたり、出世、権力、個性を満たしたい価値観 → 承認
3 家族や仲間などに囲まれた状態を大事にする価値観 → 愛
4 冒険を嫌い安心できる環境を重要視する価値観 → 安心
5 知識を吸収し、技術を高めることを大事にする価値観 → 自己投資
6 人のために労力を使いサポートすることが喜びの価値観 → 貢献

店舗メンバーを正しく理解すれば、
問題の９割は理解できる

なお、これは僕の持論ですが、僕は「組織として向上するためには、スタッフの価値観が同じである必要はない」と思っています。

少数精鋭で営業しているサロンさんなら、店長さん以下スタッフ全員が同じ価値観でやっていくこともできるかもしれません。でも、例えば10人とかになると、価値観をひとつに揃えるのは正直無理です。

その場合はむしろ、価値観の違うスタッフたちがいることを自店の強みにしましょう。そのほうがサロンの可能性を広げることができると思います。

「叱れる店長」になろう

価値観とモチベーションについて理解したら、次に重要なのがフォローアップです。これがしっかりできればスタッフのやる気も変わってきますし、お店の成長も加速させられます。

ただし、ここで問題が出てきます。「スタッフを叱れない店長」の存在です。

最近は「叱れない店長」が多いようです。叱り方がわからない、叱るのが怖い、叱って相手に嫌われたくない、等々。理由はいろいろあると思います。もしかしたら、「自分が叱ったことでそのスタッフが離職してしまったらどうしよう」と思うのかもしれません。

どの理由も理解できます。でも、店長さんにはこう考えてほしいのです。

「役割をしっかり演じよう」

店長というのは役割です。「店長」という役に徹してください。「目標を達成し、最後まで目的をやり遂げる」――これが店長役に求められる演技です。必要ならスタッフを叱ることも、店長役を演じるうえでは重要なのです。

そのときお勧めしたいのが、事前に叱る台本を準備すること。

「心に火をつける」とか「やる気スイッチをオンにする」とか、自分なりの台本を作り、そこに描かれた店長になりきるつもりで、本心とは分けて叱るのです。

誰だって人に嫌われたくはありません。でも、だからこそ、こちらに〝愛情〟さえあれば、叱られる側は店長のことを、

「店長が僕を（私を）叱るのは、必要なことだからなのかな。だとしたら、僕を（私を）成長させるために、嫌われ役を演じてくれているんだろうなぁ。」

と理解してくれるはずです。

3 安売りせず、価値を売る

売上向上は「価値」の確立から

店長には店の売上を向上させることが求められます。売上は〝創る〟ものです（Make ではなく Create）。勝手に増えるものではありません。

銀座店がオープンしたときに僕が実際に行った施策を紹介しましょう。

銀座エリアが表参道エリアに並ぶ日本一の美容室激戦区だということは皆さんも想像できると思います。銀座店から2、3分も歩けば有名サロンの看板を多く見かけます。そこで僕がどうやって店舗を創ってきたか。

まず、銀座店にしかない**「価値」を創ることが重要**だと考えました。

お客様にとってのサロンの価値は何で決まるのか。僕は主に次の7つだと考えています。

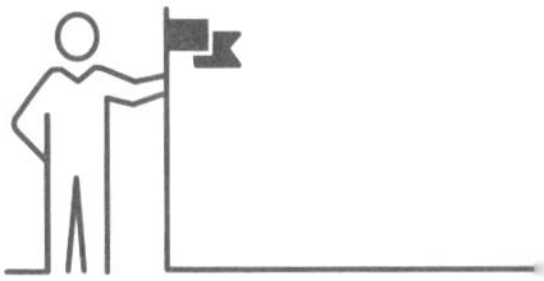

1 人的価値

ミンクス会長の高橋や社長の岡村からもよく言われてきましたが、美容室の商品はスタッフ。「人」です。スタッフ一人ひとりの魅力が店の価値を決めます。美容室は教育産業だと言われるぐらい、人的価値の底上げには皆さんも注力されていることと思います。

2 技術価値

すでに述べた通り、美容師は技術職です。美容師の技術は多種多様です。お客様に振り向いていただくためには、様々ある技術のなかでもそのサロンならではのものを確立する必要があります。そうでないと、お客様にはそのサロンに来る理由がありません。

3 デザイン価値

トレンドや似合わせデザインは皆さん日頃から勉強されていると思います。ただ、それをどう提案していくかが非常に重要です。デザイン提案の仕方に価値を持たせましょう。

4 時間価値

時間価値を上げるためには、こだわりを整理しましょう。こだわりは当然持っていてほしいものです。他の美容師さんと差別化するためには必要な要素ですから。でも、はたしてそれがお客様のためになっているかどうか。滞在時間は伸びてしまわないか。オペレーションレベルから見直して、短い施術時間でお客様満足度を高めるようにしましょう。

5 ブランド価値

自分たちの強みを活かして、魅力を高めることがブランド価値になります。ブランドの価値が高いサロンは強みを把握し、その強みから得られる魅力をお客様に向けて発信、提供できているでしょう。広告プロモーション、SNS、マーケティング、様々な局面でサロンのブランドを高めていくことが大事です。

6 価格価値

料金の適正性のことです。施術の仕上がり、時間、コスト、またサロンの立地によっても、適正価格は違ってきます。

でも、それ以上に大切なのは、「価格以上の価値をお客様に感じていただいているか」という視点です。美容室で提供する様々な価値と価格がイコールになるようにしましょう。

7 メニュー価値

最近「モノ」より「コト」というフレーズをよく聞きますが、あなたのサロンでしか叶わない「コト」がオリジナルのメニュー価値です。そのメニューを通した美の感動体験がサロンの魅力を創ります。

また今の時代、キャッチーなネーミングや、マーケティング要素も重要です。

これら7つの他にも、サービス価値、空間価値、オペレーション価値などがあります。諸々を踏まえて、お客様を満足させられていない価値はどれだろう？　自店の弱いところはどこだろう？　とセンサーを張り巡らせましょう。そしてそれらを定期的に、スタッフと一緒に見つめ直すようにしてください。

また、他店をリサーチしてみるのもお勧めです。今はいろいろな情報がサイトに載っています。各項目に関して他のサロンがどんなことをやっているか、自店と比較検討するな

お客様にとってのサロンの価値7つ

1	人的価値	美容室の売りは「人」。スタッフ一人ひとりの魅力が店の価値を決める。
2	技術価値	美容師は技術職。お客様に振り向いていただくため、そのサロンならではの技術を確立すること。
3	デザイン価値	トレンドをどう提案していくかが重要。提案の仕方に価値を。
4	時間価値	お客様にとって意味のないこだわりは捨て、短い施術時間でお客様満足度を高めよう。
5	ブランド価値	サロンのブランドを下げる、下がることはお客様への裏切り行為に等しい。
6	価格価値	様々な要素を鑑みて、提供するものと価格をイコールに。
7	メニュー価値	オリジナルメニューなどがあったほうがサロンの価値が上がる。

かでヒントが見つかるかもしれません。それをまた次の施策に活かしていくのです。そしてＰＤＣＡサイクルを回していきましょう。

そうやって自店の価値が確立されてくると、割引に頼らなくても新規のお客様が来てくださるようになります。リピートも増えます。当然売上が向上します。

皆さんが目指すべきは「ウォンツサロン」です。 お客様が「〜〜したい」で来てくださる店。遠いけどわざわざ来たい、ちょっと料金が高めだけど行ってみたい。そう思っていただける店を目指してください。

個人ブランディングとマーケティングの勧め

お店のブランディングに加えて、今は「個人ブランディング」も美容師の必須スキルになっています。

ミンクスでは新人に向けて、「美容師はブランディングとマーケティングの両方が大事だよ」という話を内定式や入社式の段階でします。具体的に、ブランディングに関しては「アシスタント時代に300人のファンを作りましょう」と教えます。スタイリストデビューの時には自分のファンが300人いる状態を目指すということです。

そのために、一年目のうちからカラーモデルさんやカットモデルさんを自分のファンとして囲い込んでいくつもりで情報発信をするよう教えています。

今の美容師には、カットやデザイン、薬剤の知識を覚えるのと同じぐらい、ブランディングやマーケティングの知識が必要になってきています。

では、店長さんはスタイリストたちに、具体的にどう個人ブランディングの方法を教えていけばいいのか。ブランディング教育とマーケティングの実践については3章で、実際に僕が教えたスタッフの例を紹介しつつ、詳しく解説します。ぜひしっかり勉強していただいて、サロンの価値向上に繋げてください。

売上を〝創る〟ための6つのアクション

売上は〝創る〟ものです。売上が上がってこそ利益も出ます。では、売上を伸ばすため具体的に何をするか。何ができるか。僕は6つあると思っています。

1 新規集客
2 単価アップ
3 来店頻度向上
4 店販売上向上
5 経費削減
6 時間短縮

これらを全部やっていきましょう。でも、何からやればいいでしょうか？　セミナーでそう問いかけると、大体の皆さんが「新規集客を増やす」または「単価アップ」と答えます。

これ、実は間違いです。

最初にやるべきは3の「来店頻度の向上」。リピートのお客様を増やすことです。

新規のお客様ももちろん大切ですが、一番大切なのは既存のお客様です。既存顧客の満足度を追求する。そしてリピートを増やしていく。クロージングでは次回のご提案やご予約も必ず促す。既存のお客様は皆さんのファンであることが前提です。

2番目に行うことは4の「店販売上向上」です。次回来店されるまでにキレイを維持するためには商品が欠かせません。また自店にぴったりの商品が見つかれば大きな売上を定期的に創れる可能性があります。

次にやることは2の「単価アップ」です。

今あるメニューに縛られなくても、いろんなことができると思います。例えば500円で簡単なオプションを付けるとか、付加価値の高いメニューや季節限定の店販商品を取り入れてみるとか。そういう工夫を重ねて飽きさせないメニュー展開をしていくことが、客単価を向上させます。

その次、4番目が1の「新規集客」です。

若手のスタイリストは新規のお客様が来ないと売上がなかなか上がりません。ただし、新規集客はブランディングが必要でそれなりに経費もかかります。いきなりできることではありませんので、優先順位は4番目になります。

ここまでできたら、次は5の「経費削減」を考えましょう。

材料費の節約とか電気代の節約とかは常にやっておくべきことなので、ここでいう経費にはあたりません。集客サイトの契約プランを見直すとか、販促費、広告費を下げるとか、そういうことです。

ただし、これは優先順位としては最終項目です。店長が独断で決めるものでもないので、オーナーさんと相談しながら進めてください。

なお、6の「時間短縮」は常に意識しておかなければいけないことなので、あえて順番には入れませんでした。

まずやることはリピートの獲得と増加です。左の図で示した「簡単に売上を2倍にする法則」も参考にしていただいて、既存のお客様を中心に売上を創っていきましょう。

簡単に売上を２倍にする法則

失客率を10%改善するだけで、売上は２倍になる

100名集客　80名再来店　失客20名　失客率20%
客単価　5000円

100人×5000円×（100% 総客数÷20%失客数）＝2,500,000円

└→ 来店回数

100名集客　90名再来店　失客10名　失客率10%
客単価　5000円

100人×5000円×（100% 総客数÷10%失客数）＝5,000,000円

└→ 来店回数

4 サロンの「生産性」を上げる

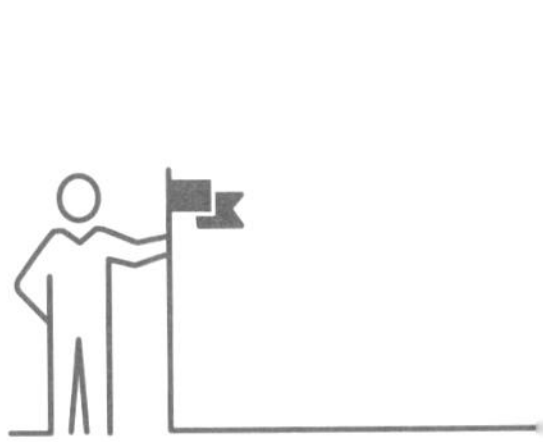

美容業界に限らず他の分野でも、今は「生産性」という言葉をよく耳にします。でも、「効率が良いとか無駄が少ないとかいうことかな?」みたいな感じで、なんとなくで理解している店長が結構多い気がします。

サロン経営における「生産性」とは何でしょうか。そして店長は、それをどう管理していったらいいのでしょうか。

ここからはそれを具体的な数字で見ていきます。主な施策は「スタッフ単価を上げる」「人時生産性を上げる」「店舗稼働率で考える」の3つです。最後まで集中力を切らさずに付いてきてください。

「スタッフ単価」（スタッフ一人あたりの生産性）を上げる

客単価と同様、サロンスタッフに関しても**「スタッフ単価」**という概念があります。技術売上と店販売上の合計をスタッフの人数で割ったものが、そのお店のスタッフ単価です。

あるメーカーさんは「チャレンジ80」という目標をたてて、美容師一人あたり月売上80万円を目指すことや、店販を含めて１００万円を目指すことを提唱していました。

適正なスタッフ単価がいくらぐらいかというのは、エリアや立地によって変わってきます。そもそも家賃が変わりますから。ただ、全国的にボーダーラインとされるのは月60万円です。ちなみにミンクスは月75万円（技術売上のみ）をボーダーにしています。

自店が今いくらぐらいで推移しており、その額は出店エリア及び立地条件に照らして適正かどうか。それ次第で、やるべきことも、その優先順位も変わってきます。

他にも、スタッフ総数に対して本当に売上を持っているスタッフが何人いるかによっても変わります。アシスタントを置かずにスタイリストのみで営業するサロンさんもありま

スタッフ単価の計算式

（技術売上＋店販売上）÷スタッフ人数＝スタッフ単価

す。その場合、スタッフ単価は確かに上がりますが、お店として狙える売上の上限はどうしても決まってきます。

これらの例からわかる通り、スタッフ単価はバランスのなかで見ていく必要があります。

実際にシミュレーションをしてみましょう。スタッフ単価損益額を60万円に設定します。これを超せば黒字、超さなければ赤字です。

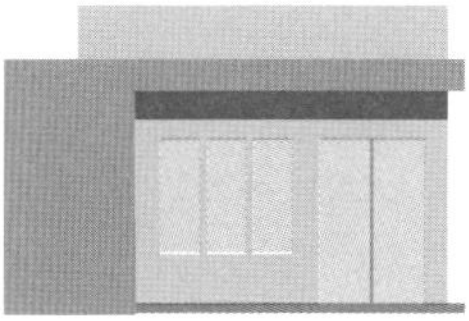

シミュレーション１

スタッフ単価が月40万円代

課題

- 集客ができていない
- スタッフが育つ仕組みがないか、育てる余裕がない
- 顧客単価、リピート率ともに低い

やるべきこと

まずは客数を確保！

└キャンペーンや割引もある程度必要

避けるべきこと

- 新規雇用
- 自力集客（SNSやブログなど）
- 新規集客サイトにお金をかける

シミュレーション１

スタッフ単価が月40万円代

スタッフ単価が月40万円のサロンがあったとします。赤字です。この状態が数ヶ月続けば運転資金が底をつきます。そうなるとお店をクローズするか、スタッフに辞めてもらうしかありません。たぶん、オーナーさんの給料も出ていないと思います。

このサロンの課題は、

- **集客ができていない**
- **スタッフを育てる余裕がない**
- **顧客単価もリピート率も低い**

だと思います。ようは固定客が少なす

ぎるのです。

ですので、やるべきこととしては、まずは**「客数の確保」**です。

そのためにはキャンペーンや割引もある程度必要でしょう。ただ、ずっとは駄目。単価アップも売上向上も見込めなくなります。やるなら限定キャンペーンです。限定特典を付けて来客数を増やしましょう。

それともうひとつ。スタッフの新規雇用をするべきではありません。現状いるスタッフで売上を上げてください。

あと、自力集客はやめましょう。SNSとかブログを当てにしてはいけません。もともとインフルエンサーだったり有名YouTuberだったりというスタッフがいない限り、SNSやブログが効果を発揮するのには時間がかかります。

新規集客サイトにお金をかけすぎるのもやめましょう。とはいえ新規のお客様が来ないと客数を増やせませんから、まったくやらないわけにもいきません。バランスを見てお金をかけてください。

このスタッフ単価帯のお店は、まずは売上の確保が最優先です。客数を増やし、固定客を一人でも多く獲得して、キャッシュフローが回る状態を作りましょう。

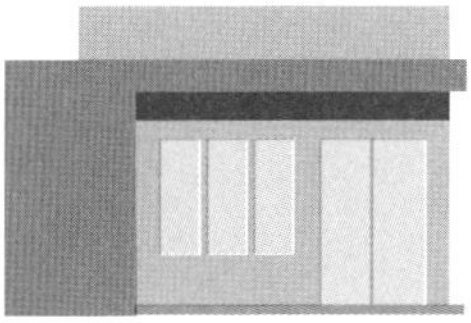

シミュレーション２
スタッフ単価が月50万円代

課題

- 固定費等を支払うと利益は残らない
- 日によって、月によって極端に売上が違う
- 固定客が少ない（＝リピートが少ない）

やるべきこと

客層を見直そう！
　└価格で売るサロンからの脱皮を！
　└店内の体制を総合的に見直そう
　└広告費と人件費のバランスを見直そう

避けるべきこと

- トップスタイリストへの依存
- 雇用拡大
- 極端な割引集客

シミュレーション２

スタッフ単価が月50万円代

オープン当初はほとんどのサロンさんがこの単価帯だと思います。頑張ってはいますが、固定費（家賃や電気代）、広告費（ホームページ運用費や集客サイト利用料）、人件費等を引くとまだまだ利益が残らない状態です。

固定客はもういます。でも、少ない。忙しい日とそうでない日の差が激しい。月によって極端に売上が違う、等々。

このサロンの課題は**「リピートの獲得」**です。

やるべきこととしては、客層の見直し

です。まだ安売りでお客様を集めていませんか？　最初は割引やクーポンを使ったとしても、その先は価格以外の価値でお客様に支持される店にならなければいけません。

そのために、店内のオペレーション、カウンセリング、スタッフの接客力、提案力等を総合的に見直しましょう。

絶対にやってはいけないのは、トップのスタイリストに依存することです。そのスタッフが辞めたら一気に経営が成り立たなくなります。他のスタイリストをいかに底上げするかを考えてください。

シミュレーション3　スタッフ単価が月60万円代

やっとトントンで経営できているサロンです。黒字の月もあれば赤字の月もあるという状態。ここからお店をどう盛り上げていくか。

実はここからが、店長としての力の見せ所です。

月40から50万円代のうちは必死だから、遮二無二頑張るうちになんとなく売上が上向いてきます。でも、忙しさが均一になって売上もある程度溜まってきたからといって、そこで満足してはいけません。1章で述べた通り、お店を成長させてこその店長ですからね。

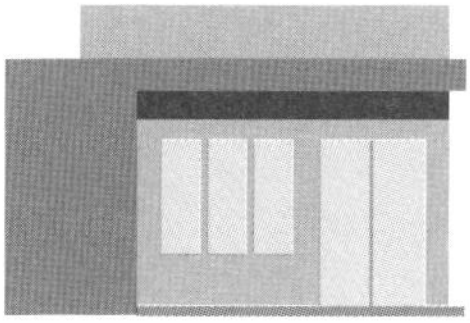

シミュレーション3

スタッフ単価が月60万円代

課題

- やっとトントンで経営できている
- 黒字の月もあれば赤字の月もある
- ここからが店長としての力の見せ所

やるべきこと

クーポンとの決別
└固定客優先にシフトせよ！
└スタッフ教育を見直す
└店内とスタッフ両方の環境に投資

避けるべきこと

- 技術力やデザイン力に頼る
- SNSや集客サイトに頼る

ではどうするか。この単価帯での課題は**「クーポンとの決別」**です。**思い切って固定客優先にシフトしましょう。**売上をしっかり維持するためには固定客を多く抱えることです。

スタッフ単価が月60万円になってくると固定客が一定数います。その方々を優先していくことが非常に重要です。ここを思い切れるかどうかで、今後、お店がリピートサロンになれるか、それともクーポンサロンと化してしまうかが決まります。当然前者を目指すべきなのです。

最初にやるべきことは、固定客にさらに満足していただくための**「スタッフ教育の見直し」**です。スタッフレベルの底

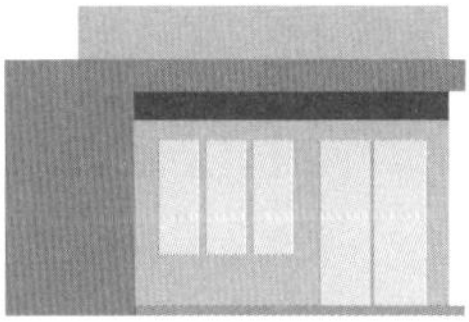

シミュレーション4

スタッフ単価が月70～80万円代

課題

- スタイリストの売上に差が出てくる
- 各人のレベルに合わせたスタイリスト教育を

やるべきこと

スタイリストの教育環境をさらに整える
└例：外部講師を招へい
店舗拡大を検討
雇用拡大を検討

避けるべきこと

- 現状に満足

上げが必須です。

次にやりたいのは「環境への投資」です。店内とスタッフ、両方の環境に投資しましょう。

スタッフに対しては、福利厚生面を含めて安心して働ける環境を整えてください。また、店内環境に関しては、お客様の「快適」をより追求すること。居心地が良くなる調度品などにも少しずつお金をかけていきましょう。

シミュレーション4

スタッフ単価が月70~80万円代

ここまでくるとハイパフォーマーのスタイリストも増えてきます。そうすると、

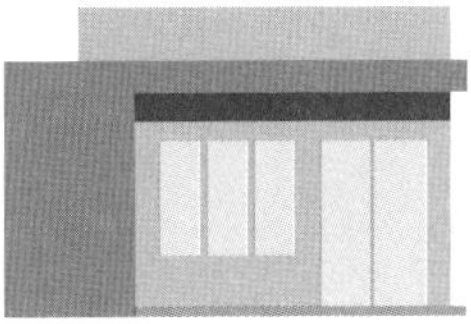

シミュレーション5

スタッフ単価が月90～100万円代

課題

- 素晴らしい、が、落とし穴
- 技術売上だけで達成していれば危険
- アシスタントの離職が増える可能性大

やるべきこと

スタッフ管理のあり方を総ざらいで見直す
└離職には最大限の注意を

避けるべきこと

- 一人あたり単価に安心する

アシスタント教育だけでなく、スタイリスト教育も、各人のレベルに合わせて必要になります。

70万円を超えてくると当然利益もそれなりに大きくなっているでしょうから、外部講師を呼ぶとか、**スタイリストの教育環境をさらに整える**ことにお金をかけてください。

また、そろそろ店が手狭になってくるでしょうから、店舗の拡大を考えましょう。あわせて雇用も、積極的に拡大する方向で検討して良いと思います。

シュミレーション5

スタッフ単価が月90～100万円代

これはもう素晴らしいお店ですよね。手前味噌ではありますが、僕も技術売上のみでこの単価帯をずっと続けた時期が2年間ぐらいありました。

確かに素晴らしい、です、が……。

正直、**技術売上だけでこの単価帯を目指すのはお勧めしません。**スタッフの離職に繋がるからです。

当時を振り返ると、アシスタントがどんどん辞めていきました。僕も悩んでいろいろと改善を試みましたが、なかなか状況が変わらず……。

今思えば、お客様以外の部分で、どこかに無理がかかっていたのだと思います。

もしも今、技術売上だけでここに到達している店長さんがいたら、いったんスタッフ管理のあり方を見直したほうがいいです。教育、人事、普段の管理、全部です。

「人が減れば一人あたりの単価が上がるから、悪いことではないのでは？」と思うかもしれませんが、それだとお客様の数を増やせなくなるのです。スタッフが減ると予約を制限しないといけなくなります。すぐには影響が出ないのでつい油断しがちですが、半年ぐらいしたら必ず売上が下がってきます。結果、スタッフ単価も下がり始めます。

ここを目指すときは**離職にはものすごく気を付けてください。**落とし穴を経験した僕からのアドバイスです。

「人時生産性」を上げる

生産性はスタッフ単価の他にもいろいろな出し方があります。**「人時生産性」**もそのひとつです。

人時生産性とは、**スタッフ一人が1時間あたりに売り上げる金額（＝時間単価）**のこと。技術売上と店販売上の合計を、スタッフの総人数ではなく、総労働時間で割る考え方です。計算式はこちら（次ページ）。

仮定の例で実際に計算してみましょう。

人時生産性（時間当たり単価）の計算式

（技術売上＋店販売上）÷スタッフ総労働時間＝時間単価

※より厳密に見たい場合は粗利（売上ー原価）を割る

一日の営業時間は大体9時間から10時間だと思います。そこから休憩時間を引いたのが一日の労働時間。週休二日として月労働日数は平均22日。厳密には年間で均すと21・66日ですが、ここでは22で計算します。

スタッフの人数が仮に12名、営業時間が9時間として、休憩を1時間引いて8時間。計算すると、

〔8時間×22日×12人＝2112〕

月あたり総労働時間は2112時間です。月売上が900万円なら、2112で割ると4261円。これが人時生産性です。スタッフ一人が1時間に売り上げている金額です。4000円強ならまあまあいい数字だと思います。

なぜ人時生産性が今注目されているかというと、働き方が多様化しているからです。

例えば時短勤務。フレックスタイム制で働く人もいます。さらには、シフト制の美容室があるいっぽうで、営業時間をフルで働く美容室もあるように、働き方のバリエーションが増えているので、月単位で計算してしまうと無駄がどこにあるのかがわかりづらいということで、細分化されてきました。

「店舗稼働率」で考える

ミンクスでは「店舗稼働率」も意識しています。これは店舗面積から最終目標値を出して稼働率を管理する考え方です。店舗売上とスタッフ人数の稼働率が最大に対してどのくらいの割合になっているのかで、出店のタイミングやスタッフの補充を判断していきます。またミンクスではセット面の間隔やシャンプー台の間隔は全店舗統一にしているため、店舗稼働率を比較しやすくなっています。

計算の起点は店舗の広さです。

例えば20坪（66㎡）の広さのお店があるとします。先に75万円がミンクスのスタッフ単価の基準値だとお話ししました。ミンクスではスタッフの人数はお店の坪数の半分を最大に設定していますから、20坪だと10名。すると売上の最大目標値は、

〔75万円×10名＝750万円〕

750万円になります。ここを目指していくのです。

60坪のサロンだとどうでしょうか。坪数の半分の30名が最大のスタッフ数です。75万円×30人は2250万円。2250万円が目標最大値になります。

その場合のセット面は、ミンクスでは坪数÷4を基準値にしています。60坪÷4＝15で15面が基準になってくると思います。一面あたりの売上の最大値は大体150万円前後です。

〔2250万円÷13000円（客単価）÷15面＝115人〕

⇒セット面1台で115人がお客様人数の最大値

〔115人×13000円（客単価）＝149万円〕

⇒セット面1台で149万円が売上の最大値

当然エリアによっていろいろな単価の金額も変わってくるでしょうが、いずれにして

も、生産性を考えるにあたっては、**「本来この店はどのぐらいの最大値を狙えるのか」**という発想で目標値を出して、それに対する達成率で見ていきましょう。スタッフ人数は8割9割の稼働率なのに売上稼働率が6割だったりすると完全に人余りの状態です。生産性が低い店と言わざるを得ません。

自店のポテンシャルの最大値を知ることでサロンとしての方向性も見定めやすくなります。店長さんは店舗稼働率もぜひ意識していただいて、お店づくりを進めてもらえたらと思います。

その他の生産性向上施策　―予約管理について―

その他の主な施策として、予約管理について解説しておきましょう。

今はネット予約がかなり多いと思います。ミンクスも65～70％ぐらいがネット経由のご予約です。そうすると、ルール化と最適化が重要になってきます。

例えば、スタイリストごとの売上に対する基準を設けて枠数を設定し、同時に何人まで

生産性向上、その他の細かい施策一覧

●次回予約率の向上　※特に若手はこれを！

●アシスタントのスタイリストデビューを早める（育成期間の短縮）

●アシスタントの生産性を伸ばす（スパニスト、ケアリスト教育など）

●カルテの稼働枚数を増やす

● VIP 顧客を増やす

●サブスクリプションモデルを検討する

●レセプショニストの力を活用する

予約を受け付けるのか。また、時間帯別に滞在人数の上限を設け、混雑する時間帯の待ち時間や滞在時間を把握し、優先順位を明確にするというようなことです。

使っているシステムにもよりますが、ネット予約の一元化（集約）も忘れてはいけません。

ルール化と最適化の結果次第でお客様の予約数がかなり変わりますので、他にも、生産性を上げるための細かい施策を一覧で示しておきました。ぜひ参考にしてください。

サロンマーケティングを恋愛に当てはめてみる

サロンマーケティングを理解する上で、セミナーでも伝え方が難しく、そのなかで考えたのが恋愛に例えるというものです。

このテーマに関しては、僕は6つのステップでアプローチすると良いのではないかと考えています。順に見てみましょう。

1 相手を分析する

恋愛は相手の好みを知ることが重要です。ミンクスも口コミの分析、メニューの分析、リピートの分析等を常にしています。お客様の好みに対し自分たちのサロンがマッチしているかどうか、知らなければ手が打てません。まずは相手を知る。分析する。これがファーストステップです。

2 ウケない理由（問題点）を見つける

分析を進めると、ウケない理由（問題点）が見えてくると思います。恋愛でなかなか相手が振り向いてくれない理由を探すのと同じように、自店に足りないものは何かを突き止めましょう。

3 相手を理解する

相手のことがわかってきて自分に足りないものも見えてきたら、相手の好みに合わせた行動がとれるようになると思います。韓国が好きな彼女なら自分も韓国やK-POPを知ろうとします。サロンマーケティングでいえば、お客様が今何を求め、ニーズがどこにあるか？ がここに当たります。

4 キャラ設定を考える

ステップ4番目は、相手を理解し、相手に合う自分になることに加えて、「自分は相手からどういうふうに見られたいか」を考えるステップです。自分（自店）のキャラ設定を考える段階ですね。

ここで重要なポイントは「差別化」です。どこにでもいるキャラの設定では魅力が出ません。

「今までの恋愛とは違う。こんな人は初めて」というポイントを明確にして、サロンでいえば〝売り〟を明確にしてそれをアピールしましょう。そうやってお客様から「この担当者と出会ってから私変わった！」と思っていただけるサロンになっていくことが大事です。

5 ストーリーを作る

ここで言うストーリーはデートプランみたいなものです。最終的に相手に「今日は楽しかった～」と思ってもらえる時間をいかに作るか。

これをサロンに当てはめれば、お客様が来店してからお帰りになるまでの一連の流れをいかにコーディネートするかのストーリーを作る作業です。最初の受付からクロージング、そしてお見送りまで、トータルで考えてください。

6 反省する

デートが終わったら反省すると思います。会話の途中、相手の表情を思い出し、もっと楽しい時間を過ごすには…と考える。そして次のデートに活かすはずです。

サロンも同じです。初回ご来店いただいて、次にリピートしていただくために何をするか。反省して活かす作業がこのステップになります。もし足りなかった点に気付いたら、次までに必ず改善しましょうね。

サロンを恋愛に例えた６ステップ

1 相手を分析する

↓

2 ウケない理由(問題点)を見つける

↓

3 相手を理解する

↓

4 キャラ設定を考える

↓

5 ストーリーを作る

↓

6 反省する

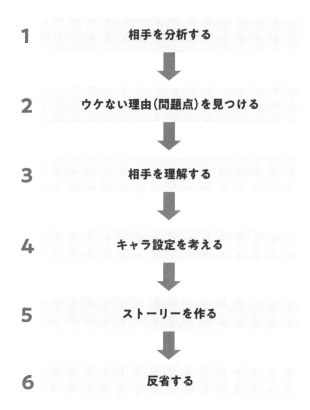

5 経営者的な意識でサロンを管理する

1章で「店長は経営者を疑似体験できるラッキーな立場」とお話ししました。2章の仕上げは、これまでよりも一段高い視点から見えてくる事柄について、解説していきます。

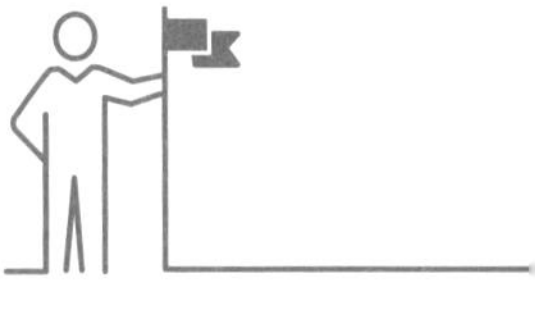

サロン経営のピラミッド

ビジネス書や経営の本を読むと、次のページの図のようなピラミッドがよく出てきます。**一番重要なのは「理念」です。**企業理念とか経営理念とか言われます。オーナーさんは何のためにこのサロンを展開しているのか。お客様に何をもたらそうと思っているのか。そういった志の部分です。

オーナー（＝経営者）の志のもとに、スタッフが働く意義、目的、価値観などが存在し

サロン経営の基本

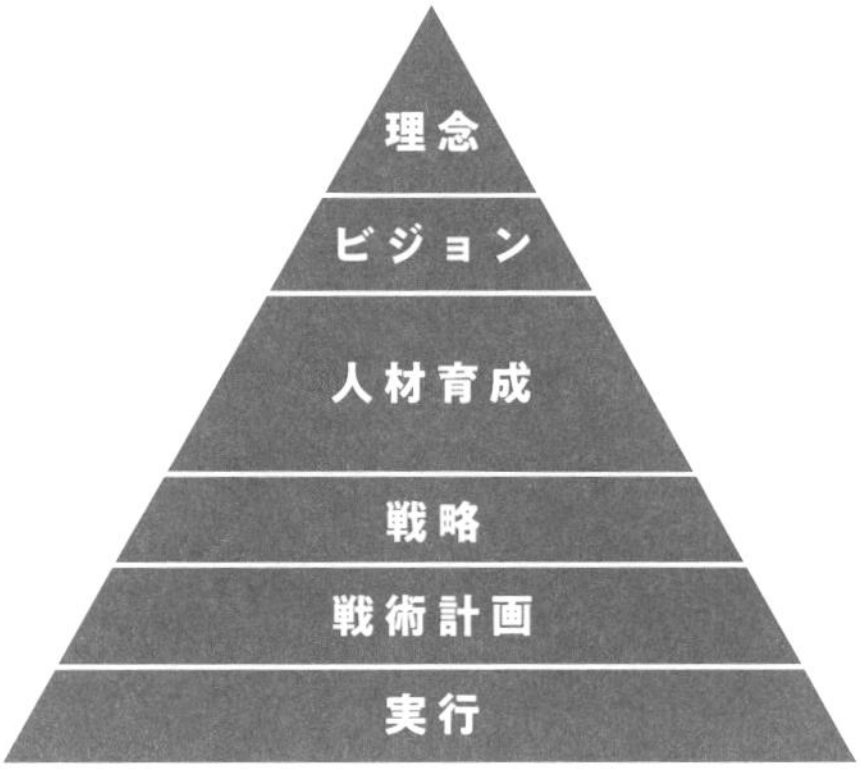

ます。オーナーの志を信じられるからこそ、スタッフは安心してそのサロンで働けるわけですからね。

そのうえで僕は、**サロン経営が一般的な企業経営と違うのは、ピラミッドの3番目に人材育成――「人」を育てること――が入る点**ではないかと思っています。

ミンクスの企業理念を要約すると**「お客様の文化になる」**です。このワードは今や、入社希望の美容学校生の方が必ず口にしてくれるワードに育ちました。

ミンクスでは入社すると全員が「ミンクス コーポレイト フィロソフィー」という手帳のようなものを持ちます。フィロソフィーにはミンクスの経営理念が全文掲載されています。スタッフたちは理念を確認するツールを携帯し、店長はいろいろな場面で理念を口にしていくことで理念が浸透していくと考えています。

理念の次が「ビジョン」です。ビジョンとは、例えば未来に向けた構想のこと。未来予想図です。あるいは、会社として店舗としての近い未来の目標です。これがあるから役職者も幹部社員も方向性で悩まずにいられます。ですから理念の次に大切なものです。

次に**「人材育成」**が入ります。先ほどもお話ししたように、ここが一般の企業と違うところです。**スタッフの質がサロンの質を決める。**あるいは、**教育の差がサロンの差となって表れる**、という意味です。

これをより現場の事情に近づけて言うと、教育の差がカット料金や施術料金の差になって跳ね返ってくる、ということだと思います。絶対的に自信があれば値段を下げる必要なんかないわけです。サロン経営のキモが教育だというのはそういう意味です。**スタッフの「美容師」として、「人」としての質を高めましょう。**

4番目が**「戦略」**です。これは2番目のビジョンを踏まえてサロンの5年後、10年後を見据え、どの針路に舵を取るかという部分です。

そしてその戦略を具体的にどうやって目指すかが**「戦術」**です。戦略を遂行するうえでの仕組みですね。ここには単価アップ、リピート率アップ、集客などの具体的な取り組み、つまり店長が一番日常的に頭を使う項目が入ります。リクルート（採用活動）も入ります。ちなみに僕は戦術と戦略を合わせて「マーケティング」ととらえています。今はこのマーケティングが非常に重要になってきています。**マーケティングの実務については次の3章で詳しく解説**しますので、しっかり勉強してくださいね。

最後、一番ベースにあるのが**「実行」**です。店長はスタッフ全員の先頭に立って成果を生み出すのが仕事です。なので、皆さんはどちらかというと、戦術から実行までを現場で具体化する役割を期待されていると思います。もっと上の役職者になってくれば戦略策定にもからむようになるでしょう。

以上をまとめると、店長さんにとってのサロン経営とは、

「オーナーの理念およびビジョンを共有し、戦略を理解し、戦術を立て計画的にスタッフを行動へと導き、かつ成長させ、サロンを向上させること」

です。

店長は結果にこだわってください。結果が出ないと誰も幸せになれません。スタッフたちが幸せになれない、オーナーの志を叶えることもできない。

自店舗を向上させられない店長さんに存在意義はありません。店長の役割はそれぐらい重いです。

ちょっと厳しいですが、店長手当以上の仕事をしていますか？

店長、副店長の役割分担について

1章で「プレイヤー意識とマネージャー意識の配分を変えよう」と述べてきました。特に店長に就任した直後は、マネージャー意識を7割にしないと、たぶん共倒れになります。店舗がちゃんと管理されていないと自分のお客様（＝個人売上）にも影響が及びます。

そう聞くと俄然、「しっかりやらなきゃ！」という気持ちになるのではないでしょうか。

そうやって〝やる気〟になった皆さんからよく聞かれるのが、

「店長と副店長の役割分担はどうしているんですか？」

という質問です。

正直なところ、これに関してはひとつの決まった答えはないと思います。サロンの規模とか、アシスタントとスタイリストの人数のバランスとかによってもマネジメントの実務は変わってくるからです。ですので、ここからは僕の経験にもとづいた僕個人の考えとしてお聞きください。

店長は何をする人？

店長は店舗の運営に関してジャッジする権限があります。また、店舗全体の売上も店長が管理します。売上には内訳がありますが、お店全体のそれとなると、店舗のブランディングや戦略策定、季節メニューの考案、またそれらにかかる経費とのバランスなど、総合的に判断しなければいけません。

あと、店長にお願いしている大事な役割がクレーム対応です。店舗へのクレームに関しては当然ですが、例えば集客サイトの口コミで悪い評価をいただいたら、店舗全体への悪評価であれば店長名義で返信を書いてもらいます。役割分担一覧表を127ページで示しますので、参考になさってください。

副店長は何をする人？

ＭＩＮＸ銀座店では副店長の役割はスタッフの管理です。

日々のチーム編成は副店長が行います。ＭＩＮＸ銀座店には60人のスタッフがいて、その日予測される忙しさによってチーム編成を変えるからです。また、ツーフロアにわかれて営業していることもあって、全体のバランスをとるうえでこの体制をとっています。

編成作業は毎朝行います。混雑のバランス、フリーのお客様を誰に振り分けるか、スタッフのスピード、それらを把握・管理してチーム編成を決めるのが副店長の役割です。

それと備品の管理をしてもらっています。美容室はいろんな機材、設備を使います。使っているうちにそれらが壊れることもありますから、修理見積もりをとるなどして情報を準備し、新しく買うか修理に出すかの判断を、店長や上のメンバーに仰ぎます。

例えばドライヤーが今何台あって何台壊れているか。いつまでに直る予定か。みんながサロンワークをスムーズに行うための、大事な役目です。

もうひとつ重要なのがデータ分析です。この時期に何名の新規客が来た、どのスタイリストが何名集めた、リピート率はこれくらい、このスタイリストは新規集客をこういう方法でやっている、等々。そういったことが細かく数字で出せますから、全部分析して、それらの要素がお店の戦略との関連でどんな状態にあるかを資料にしてもらっています。

なぜこれを副店長に任せるかというと、副店長には管理職として店全体を見る視野を養うために数字で見ることを覚えてもらいたいからです。そのための資料づくりを副店長にお願いしているのです。いずれ自分が店長に上がったときに、資料作成の経験が役立ちますからね。

副店長は他にも、アシスタントの公休の管理や新規客の振り分けもしますし、アシスタントの面談やミーティングの議事録作成もお願いしています。総じて**店長の補佐役**というイメージです。

実際には各サロンさんのご事情にもよると思いますので、あくまで参考までにということとで書かせていただきました。

ただ、ひとつだけ言えるのは、**うちはこういう役割分担だよね、と明確に把握できていることが重要です。**ここがクリアになっているから、おのおのが自分の役割のなかで判断できるわけで、ここがそもそもあいまいだったりその時々の状況でブレてしまったりすると、店としてまとまれません。

最後にミンクスのこだわりをひとつだけ。

教育に関しては、長年培ってきたものをしっかり伝える。役職やキャリア関係なく全員で教える。

社長の岡村も、今でも月に1度、スタイリストに1日カットレッスンをします。これがミンクスの流儀で、僕たちの誇りでもあります。

店長・副店長の役割分担例

店長	副店長
全体売上管理	新規顧客の振り分け
新規顧客の振り分け	データ分析
面談（若手スタイリストとアシスタント）	備品管理
目標数値の設定	公休管理
クレーム対応	長期休暇の管理
メニュー考案	面談（アシスタント）
経費、有給、全体コスト管理	議事録作成

ミーティングを実りあるものにする
―店長さんに贈る5つのアドバイス―

店長になると会議や何々の定例ミーティング、というように、ミーティングや会議に呼ばれることが増えます。店舗では自分が主催者の立場です。主催するときも参加するときも、せっかくなら実りあるミーティングにしたいもの。

ミーティングや会議はどう分類できるでしょうか。

まず**報告会議**があります。数字の報告、共有事項の報告。朝礼や終礼もこれに分類されるでしょう。

でも、正直、スタッフたちに向けた報告はもう、口頭でないと伝えにくいとき以外はSNSで済ませてください。報告を聞くためだけに貴重な時間をみんなからもらわなくていいのでは？と僕は考えます。朝礼の時間はもっと有効に使うべきです。

次に、いわゆる**戦略会議**。戦略的なものを考える会議です。これは必ず数字をもとに話すこと。店長の感情論や感覚は持ち込まない。数字を提示し、それに対するみんなの意見を聞いたり、まとめたり、ジャッジしたりしてください。

次は問題点を話し合う会議。これに関しては参加者全員で話し合う。どういった事柄をどんなふうにということの店舗の基準を決めましょう。でないと明日からの行動基準があいまいになります。

最後は混合型。3つの会議が混ざっているタイプです。混ぜてやらざるを得ないときは、前回の内容の振り返りと今回の議題とで時間を分けてください。また、タスク表や参考資料は必ず事前に作成して、話す内容を整理してから始めましょう。時間が足りなくなりますからね。

このように分類していくと、重要な部分が違うということがわかります。分類方法を知ったうえで、僕から店長さんにアドバイスしたい**ミーティングのコツ**が5つあります。

1 仕切らない

店長が仕切らないことで他のスタッフたちが発言しやすい雰囲気を担保すること。これが非常に重要です。

ミーティングや会議で大切なのは雰囲気作りです。皆さんも何度かあると思います。「この会議って、発言できるの？」「このミーティングって非効率？」「単にトップが一方的に言ってるだけなんじゃ?」みたいな雰囲気になった経験が。

ミーティングは組織を向上させるためとか問題を解決するために開くものです。サロンワークよりも大切なことがあるから集まっているのに、発言しづらかったり意見が出なかったり、聞いているのかいないのかわからないミーティングになると、ただの時間の無駄です。そうなってしまうのは店長の雰囲気づくりがよろしくないからです。だから、まずは「仕切らない」。

2 発言のタイミングに気を付ける

これもめちゃくちゃ重要です。僕の経験上、店長が最初に自分の意見を出してしまうと、その後にスタッフから意見はまず出ません。「店長に賛成しなかったら……」とか、「自分は反対意見だけど、言うとどう思われるだろう」と思い始めるからです。

店長は発言を求められたタイミング、もしくは最後に発言するようにしてください。そうでないとスタッフたちは結局何も発言できないです。店長の空気を読む〝忖度ミーティング〟になってしまわないよう、発言のタイミングにはくれぐれもご注意を。

3 全員に振る。全員の意見を聞く。全員で議論する。

これは2番目の考えとセットです。先にスタッフ全員の意見を聞いてください。発言しないスタッフがいたらきちんとその人に振ること。一人もこぼさないことが大事です。そうすることで事前リサーチができ、最終的な店長の決断に説得力と厚みが増します。

4 「上が勝手に決めたこと」という印象にしない

せっかくみんなで「よしやろう！」と決まったことも、「会社がやれって言ったんでしょ」とか、「店長がやりたいだけでしょ」みたいに思われてしまうと、ミーティングを開く意味がありません。

ミーティングではその背景をしっかりと説明しましょう。そしてその先にあるスタッフみんなのメリットを伝えることが大事です。

5 全員で決めたことだと認識させる

「これは自分たちが知恵を出し合って決めたことだ」と認識してもらうことが重要です。

ミーティングも会議も、毎回そんな良い結論が出るとは限りません。未来は不確実だから、「こうしよう！」とスッキリ決められないこともあります。店長さんはそういうものだと割り切って、正解をいたずらに追うよりは、「全員で決めたことだから（こうしてみよう）」という納得感を優先させましょう。

とはいえ、店長が絶対にやりたいことは、全員の納得が得られなくても、自分の責任のもとで通す覚悟が必要です。そのときはお願いベースになりますが、そこはもうメリハリの部分ですね。

判断を誤ったな、と後から気付くこともあると思います。そのときは当然、店長も謝罪が必要ですし、みんなに頭を下げて「もう一回話し合ってみようよ」と持って行くべきです。店長だって完全無欠じゃありません。大丈夫。間違ったらもう一回考えればいいんです。

ミーティングのリアル

COLUMN

「シーン」となって誰も発言しない——そんなミーティングがあるいっぽうで、店長さんに反対の意見が出ることもあります。

セミナーで僕が5つのポイントをアドバイスすると、参加した方々から必ず聞かれます。

「でも菅野さん。反対されたらどうするんですか？」

僕はこう答えます。

「反対が出ることも、時にはありますよ。ミーティングが荒れることだってあります。

でも、僕は逆に、反対意見こそみんなで時間をとって話し合う価値があると思うんです。

反対意見って、大体は少数意見です。その意味ではみんなが気付かないところに気付いていてくれている人の意見なんです。だから、なんでそういう意見が出たかな、どういう背景から出てきた考えかな、ということをみんなでしっかり話し合うべきです。そこに真の問題が潜んでいるから。」

だって、考えてもみてください。賛成意見〝しか〟出ないミーティングは逆に店長さんには落とし穴ですよ。4番の状態になっている可能性が高いから。

反対が出てもいい。それで結論がグレーになってもいいんです。店長さんの中には白黒をつけたがる人も多いですが――僕も過去はそうでした――、結論が出なくても構いません。そのとき決まらなくても「各自持ち帰って次回協議」にすればいいんです。

第3章

店長業務実践シミュレーション

2章では店長の管理業務について、何を心がけながらどういうことをやっていけばいいかをお話ししました。これだけでもかなり参考にしていただけたかと思いますが、3章ではさらに具体的に、僕が普段使っているツール（書類のテンプレや目標設定の計算式等）も公開しつつ、実地に即した解説をしてみたいと思います。

それでは始めましょう。最初は店長さんなら誰もが聞きたい、新人を含む若手教育についてです。

1 新人を含む若手教育の実践

メンターシステムを使う

メンターシステムは企業の人材教育でよく使われている仕組みです。一般企業は中堅社員が部署をまたいで若手社員のメンターを務めることも多いようですが、美容室の場合それは現実的ではないので、ミンクスでは所属店舗で少し先輩にあたる若手スタイリストにメンターになってもらっています。

そのとき重要なのは、**僕が考えるメンターは美容室によくある教育係ではない**、ということです。

メンターの役割は技術を指導したり接客を教えたりすることではありません。新人に対して、メンターを配置する目的と効果は左記のようになります。

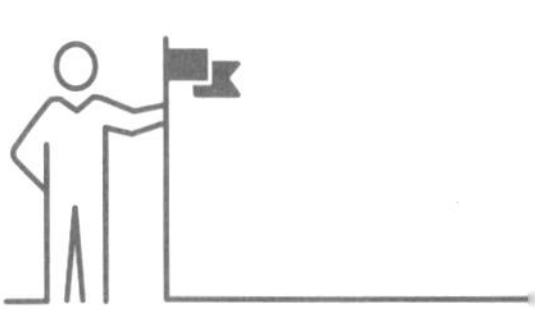

新人スタッフの成長と定着

メンターシステムは新人の成長と、定着を促す効果があります。

メンターは、メンティ（＝新人）の将来像であり成長した自分のロールモデルです。メンターが成功体験を伝えることで、メンティも自分が成長したときのイメージを思い描け、スタイリストへの道のり、仕事のやりがいや、美容の楽しさを知って、モチベーションになります。

風土、文化の継承

メンターとメンティの関わりのなかで、ミンクスが長年培ってきた文化を次の世代へと継承していくことが可能になります。

また、メンター制度はメンターと仕事を教えるのが目的ではなく、新人の成長やフォローアップが目的です。「美容師として成長したい」という意欲を刺激する仕組みです。

新人教育　1年目のメンターミーティング（2019年撮影）

この意欲が本人のなかに喚起されないと、どんな教育や指導も実を結びません。教育の項の最初にメンターシステムについて触れるのはこのためです。

メンターには向き、不向きがありますので、人選は店長さんがしてください。スタイリストたちのキャラを一番よく知っているのは店長さんだと思いますからね。

メンター自身も1年間新人の育成に向き合うことで、とても大きなステップアップになっていることもメリットのひとつです。

ちなみにミンクスの場合、直接的なメンターをサポートする役として副店長たちを置いています。メンターたちは新人スタッフからいろんな課題や問題を吸い上げてくれますが、それが店舗全体、あるいは会社全体の問題だった場合はトップで話し合う必要があるからです。

左記にメンターの在り方を僕なりにまとめた「メンター10の掟」を載せましたので、ぜひ参考にしていただいて、自店の新人たちに美容師の仕事の楽しさやりがいを、しっかり教えあげてくださいね。

メンター10の掟

1 同じ目線で対話する

2 「私たちの時代は〇〇だった」ではなく、今を伝える

3 目的を伝えて個性を尊重する

4 いかに伸び伸びさせるかという発想で指導する

5 お客様のために良いことはすぐやる習慣を教える

6 マニュアルではなく、その先の本質（意味）を教える

7 営業中はスタッフではなく、お客様に気を遣う習慣を教える

8 スタッフとの関係性も把握する

9 チアリーダー的存在を目指す

10 新人スタッフの夢や目標を応援する役割に徹する

ジョブローテーションを行う

ジョブローテーションは新人や若手の離職予防に特に効果的です。２０２０年はコロナ禍の影響でできませんでしたが、この制度では、ミンクスの場合だと入社から半年間、新人スタッフには自分の所属店舗以外の店を一ヶ月ごとに回ってもらいます。

これがすべてではないと思いますが、ミンクスでは**ジョブローテーションを始めて以来、離職率が減少しゼロに近づきました。**

ジョブローテーションの狙いとしては、いろんな店舗を回ることで、自分の立ち位置やイメージが固定されないというメリットがあります。

例えば所属店舗で同期入社が二人いたとします。一人がもうお客様のシャンプーを任されている、自分はまだ入客できない、となると、劣等感を抱きがちです。そうなると本人は仕事がつまらなくなってしまいます。

でも、毎月いろんな店舗を回ると、毎月毎月「はじめまして！」なので、新しい気持ちで月のスタートを切れます。これを半年間続けるのです。

ジョブローテーション

1年目スタッフが入社半年間
所属店舗以外の店舗を1ヶ月ごとに回っていくシステム

- **店舗を回ることで自身の立ち位置を確立させない**
- **同期との優劣よりも美容に向き合う心を育てる**
- **多くの先輩と店舗を越えたコミュニケーションを後押し**
- **自店舗の強みや課題を新人の時期から意識させる**

ジョブローテーションによって、**同期との優劣よりも美容そのものに向き合う心を育てることができます。**また、店舗の枠を越えて先輩たちとコミュニケーションをとれる点もメリットです。さらには、**他店舗を経験することで所属店舗の強みや課題を新人のうちから意識できるようになります。**

また、ミンクスでは新人を対象に毎月無記名方式のアンケートを実施していますが、

「他のお店を回って帰ってきたら先輩たちが『おかえり〜。やっと戻ってきたね〜』と受け入れてくれたからうれしかった」

という回答もありました。意外とそういうことでテンションが上がるんだな、というのはこちらも発見でした。

また、「ジョブローテーションで行ったお店にもメンターがいたから前向きに働けた」という声も多いですよ。

上手な個別面談のやり方

店長はスタッフたちと個別面談をすることも仕事のひとつかと思います。そこで、上手な個別面談のやり方をお教えしましょう。

基本の流れを左の図に示しました。店長面談なのでスタイリストたちとは数字の話は避けて通れないでしょうが、まずは、**店長としての想いを語ってください。** 君のことはこういうふうに見ているよ、君はこういうところが良いよね、こういうところを期待しているよ、というようなことです。

それをしてから、数字を振り返り「こういうところが足りなかったよね」という話に移

面談の流れ

スタッフへの想い
↓
店舗・MINX の想い
↓
自分自身の想い
↓
未来への展望で締める

ります。その次に**「店舗としてはこう考えているよ」**という話に入りましょう。

そしてここが重要なポイントですが、店長のアドバイスを聞いて自分はどう感じ、**何を見直すのか、自分の言葉で語ってもらってください。**そして「そのために何々に取り組もうと思う」と宣言してもらい、店長はそれを踏まえて、「よし！頑張ろう！」と〆る。これが基本の流れです。

なお、**面談では「目標に対する動機付け」を絶対に忘れてはいけません。**目標を達成することでどうなれるかを細分化して示すことがとても重要です。

そして細分化の手前には「透明性」と

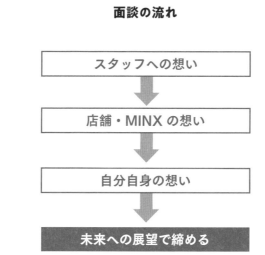

「根拠」が非常に大切。これらを踏まえて動機付けの方程式を示すと次のようになります。

【数字の透明性と根拠】×【目標の魅力】×【到達可能性】＝行動と意識の変化

美容師だけではないと思いますが、人は自分が納得しないと行動できないものです。例えば「売上を10％アップしよう」と店長が目標を示すときは、「何で10％なの？　どういう計算で10なの？　現状じゃ駄目なの？」という疑問が生じ得ます。それに対し、店長は根拠を説明できるようでなければいけません。例えばこうです。

「10％アップすることで来年新人を○名迎えられるよね。そうするとアシスタントが増えるから、サポートしてくれる人が増えると自分の予約を制限しなくてもすむよね。他のスタイリストもこんな感じの目標設定になってるよ。」

リアルなところを透明化していくために、左ページの「目標の立て方」も参考にしていただいて、面談では必ず数字で根拠を示すようにしてください。

目標の立て方

目標設定１ 透明性と基準と根拠

『たくさんのお客様に喜んでいただく』といった目標を設定した場合、
「たくさん」という表現があいまいで、ゴールがぼやけてしまいます。

そうならないように、目標設定には透明性が必要。この透明性とは〝数字〟
また店内(または会社)の基準値が明確にあり、過去のデータなどを店長視点で分析し、その根拠をもとに決定。

目標設定２ スタッフの行動変化

数字の目標設定だけでは動機付けは足りない。行動変化は起きない。

目標設定の要素として目標の先にある魅力が求められる。目標の魅力とは本人の行動変化、「行動スイッチ」がONになること。

本人が魅力に感じること

目標設定３ 到達可能性

到達可能性を高めるには『ギリギリ達成できると思える目標を設定すること』
適度な難易度の目標が求められる。

ここで言う到達する可能性は〝行動を細分化〟していくことで高まる。
いつまでに、何を、どう具体的に行動していくのか？

店長は立てた目標をスタッフに日々意識させる習慣を仕組み化できれば◎。

目標に対する動機付けは

数字の透明性と根拠 × 目標の魅力 × 到達可能性

で行動と意識が変わる

目標を設定する際の計算式は？

「目標の根拠を数字で出すときの基本の計算式」は、大まかにはこれでわかると思います（左ページ図）。

あくまでも僕の考え方ですが、店長は図の①から⑤をあらかじめ計算しておいて、それから面談に臨みましょう。その際いきなり数字の話ではなく「想い」から入るべきだというのは、先に説明した通りです。準備した各数字を基本の流れに乗せて最適なタイミングで示しつつ、実りある面談にしてくださいね。

目標数字設定

※ギリギリ達成可能な限界数字を設定

店舗設定

1 昨年と一昨年（上半期と下半期）などの二期を比較し伸び率を見る
2 リピート率の詳細（新規、既存）、傾向を出す
3 今年の入客と新規指名の予測を立てる
4 店舗、会社の過去の傾向やスタイリストの伸び率から今後の可能性を試算する
例）半年平均50万円→半年後25%UP
半年平均100万円→半年後30%UP
5 過去の店舗統計表を参考に、数字の傾向が過去のスタイリストのなかで誰と匹敵するのか？そこから成長を予測する。

面談時

スタイリスト自身で考えてきた内容と店長の予測を照らし合わせて最終決定
定期的に行動見直しの機会を設ける

昨年の人数 × 客単価 × 平均既存リターン率 = Ⓐ
新規指名目標人数 × 客単価 × 平均新規リターン率 = Ⓑ
フリー入客予定数 × 客単価 × 平均新規リターン率 = Ⓒ
Ⓐ + Ⓑ + Ⓒ = Ⓓ 最低限の売上目標
Ⓓ + 単価 UP + リピート UP → そのために何をしていくのか

叱り方の作法

面談中、あるいは面談に限らず、店長はスタッフたちを叱らなければならないときもあります。第2章の2節で「叱れる店長になろう」という話をしましたが、叱り方の作法みたいなものがあれば参考になると思い、まとめてみました。

1 最後まで彼らの話を聞く。

2 店長として問題に感じたことを、彼らの言葉に近い表現に整理し、言ってあげる。

3 話をどう受け止めたか尋ねる。その際、批判は禁物。批判したらそこで心を閉ざしてしまう。

4 解決手段の落としどころを彼ら自身に考えてもらい、自身の言葉で話してもらう。

特に4番は大事です。ついこちらが誘導してしまいそうになりますが、そうすると解決策が正しいのかどうか自分でわからないままそれに向けて動くことになるので意味がありません。**必ず自分の考えを言葉で宣言してもらってください。**その場で解決手段が出せないようなら宿題にしてください。そうやって本人が納得した状態で解決に向かわせることです。

年間計画シートを使う狙い

次に、年間計画シートについて。次ページの図をご覧ください。これは僕が店長時代に店舗で実際に使っていた「年間計画シート」です。年間目標売上はもちろん、前年度の反省点、新規集客や接客の取り組み、店販促進の取り組みなど、やろうと思う取り組みとそのための計画が書き込めるようになっています。

では、なぜこういうものを作るかというと、時間を取って自分の仕事や数字を客観的に振り返る習慣を身に付けてほしいという想いがあるのと、できていない部分を受け入れ改善の方向性を確認できるというメリットがあるからです。

簡単なことのように感じますが、意外に、これを定期的に行っているサロンはほぼ存在しないのが現状のようです。

次に153ページの図は僕が店舗の役職メンバーに書いてもらっている書式です。「幹部課題シート」となっていますが幹部だけでなく何かの責任者用としても応用して使うことはできると思います。

スタイリスト年間計画シート

スタイリスト年間計画シート

氏名

20○○年目標

	年間目標売上	前年比
目標	円	% UP
店販	円	% UP

	月	1	2	3	4	5	6
目標	技術目標						
	実績						
	店販目標						
	実績						

20○○年上半期計画	
20○○年の反省	
新規集客の取り組み	
接客の取り組み	
店販促進の取り組み	

幹部課題シート

幹部課題シート

自店の在り方

コンセプト	
ビジョン	
これからの目標	短期的（半年以内）
	長期的（1～3年以内）

幹部として期待されていること

振り返り

	年間目標売上	売上達成率（現在まで）	生産性（現在まで）
目標	万	%	万

目標達成に向けて取り組むこと	
取り組みテーマ	どのようなことを意識して、 何がどれくらいできるようになったか？

課題	
運営の側面	人の側面

皆さんが店長として責任者を管理するとき、こういった計画シートはきっと役立つはずです。**「管理したつもり」**になっている店長さんは意外に多いのが現実ですからね。

ちなみに僕の場合、取締役ですから、接客、カット、カラー、パーマ等の教育担当係、レセプションやトリートメントのチームリーダーたちなどから出てきたシートをもとに、僕と役職メンバーとで一日かけて、年間でどうする、上半期でどうする、という話し合いをします。それを最終的にまとめ、会社の方向性を加味して店舗に向けて発信していくのが僕の実際の作業です。

新人に向けた働き方改革についても左記一覧で示しましたので、参考にしてください。

1年目の働き方改革

掃除等の雑務はスタッフ全員で分担
➡会社全体でルール化

入社半年間は休日出勤（自主練習等）は禁止
➡禁止しないとやる気のある新人は来てしまい、
途中で息切れする原因になるから。

店のカギ当番をさせない（スタッフ全員で分担）
➡責任が大きい係を担当させない。

休憩は一日１時間必ずとっているかを管理する
➡メンターに管理してもらう（例：食事休憩 40 分、途中休憩 20 分）

練習は営業中に行う
➡シャンプー、ヘッドスパ限定。
開店直後の２時間などに先輩に見てもらう。
場所が充分に空いていればウイッグを出しての練習も可。

毎週メンターと面談、ミーティング
➡美容師としての成長をサポート

2 マーケティングの実践

マーケティングミックスを取り入れよう

すでに述べた通り、今はビジネスモデルの寿命は10年と言われています。美容業界に限った話ではなく、イノベーションを常に起こしていかなければ、これからの時代は生き残れません。

僕は**「現代の店長はマーケターであれ」**と考えています（※マーケターとはサロンの売れる仕組みを創る担当者）。前章で個人ブランディングの考え方とマーケティングについて少し触れましたが、ここからはその実践例を解説します。最初にマーケターに必要な習慣を左の表にまとめておきますので、これら三つの力を念頭に置きながら、次の「個人ブランディングのやり方」以降を読み進めてください。

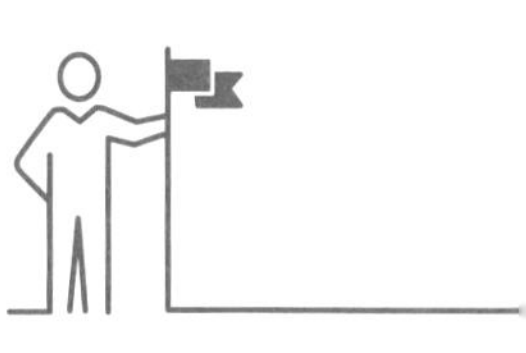

これからのトップはマーケター視点が必須

マーケター に必要な習慣

1 仮説力	仮説を想像し、新たな価値を生み出す力
2 顧客視点力	お客様の口に出さない欲求を探り当てる力
3 洞察力	業界の動向や自店舗のお客様の変化をキャッチする力

個人ブランディングのやり方

ペルソナを設定

個人ブランディングの前段として、まずはペルソナを設定させます。「自分はどんな世界観や価値観のお客様を顧客にしていきたいか」「自分の世界観と共鳴してくれるお客様はどんなお客様か」を考えてもらい、それを美容師としての出発点にしてもらうのです。

これは言い換えれば**美容師としての「最初の引き出しを準備する」**ことです。ただ、1年目だと経験も情報量も少ないので難しい場合は、雑誌を活用するのもひとつの手かと思います。自分がどの雑誌の世界観に惹かれるか、その雑誌がターゲットにしているのはどんな女性だろう？　と考えてもらう。そうやってある程度、分析する練習をしたうえで、自分の世界観が見えてきたら実際にペルソナ設定に進んでもらうのです。

まとめると、ペルソナの設定とは、最もあなたが来てほしいお客様をひとりに絞るならどんなお客様なのか？　を考える作業です。

最初のペルソナ（＝引き出し）の設定をしっかり考えることには、自分の美容師としてのスタンスや方向性が明確になるという利点があります。

個人ブランディングをマーケティングに位置付ける

ペルソナの設定が理解できたら本格的なブランディングに入ります。

まずは次のページの図をご覧ください。ブランディングのときに僕が手法として用いるマーケティングミックスという考え方を僕なりに美容室に当てはめてみました。

メニュー、適正料金、ポジショニング、打ち出し等々と来て、people（人）は当然スタイリストでありアシスタントです。

process は効率も含めた具体策。 physical environment は店舗ではどういう仕組みや雰囲気でやっていく？ というように各要素をトータルでコントロールしていくのがマーケティングミックスの考え方。それをスタイリストに落とし込んだものが個人ブランディングという位置付けです。

マーケティングミックスの図に自店の状況とスタッフを当てはめて、彼ら彼女らの強みを発信していきましょう。そして売上を面談で毎月確認し、足りない部分はＰＤＣＡを

マーケティングミックス

MARKETING
MIX
Product
メニュー
店販商品
Price
適正単価
Place
どこで
ポジショニング
Promotion
打ち出し
SNS
WEB
People
スタイリスト
アシスタント
レセプション
Process
具体案
Physical
environment
店内の雰囲気
仕組みづくり

回して改善し、個人ブランディングを進めていきましょう。

バディーシステムを機能させる

バディーシステムとは店舗で僕がネーミングしたフォローアップの仕組みのひとつですが、セミナーなどで話すと意外に、取り入れている例は珍しいとよく言われます。

これは若手スタイリスト及びアシスタントとキャリアのあるスタイリストが毎月数字をもとに面談をして、方向性を決めて売上を伸ばす仕組みです。

メンターシステムとの違いはブランディングの要素が入ること。簡単に言えば、**バディーシステムは先輩たちが経験してきたことを若手に伝えて彼らのつまずきを最小限にし、成長のベクトルを加速する仕組み**とも言えます。

では具体的にどうやるのか。過去の僕のバディーの例で見てみましょう。

次ページのスタッフ（Aさん）のパーマとトリートメントの推移を見ると、指名売上に占める6月のパーマの比率が15％と、年間で一番低くなっています。本来パーマは縮毛矯正を含めると5～6月に一番売上が伸びるのにその時期が一番低いということは、確実に

過去のバディーAさん

	1月	2月	3月	4月	5月	6月	7月	8月	9月	10月	11月	12月
トリートメント	38%	39%	46.36%	50.52%	40.74%	39.31%	34.19%	40%	37.33%	38.23%	36.27%	50.98%
パーマ	18.42%	15.95%	17.92%	16.84%	17.77%	15.38%	20%	19.71%	18%	23.52%	20.33%	19.60%

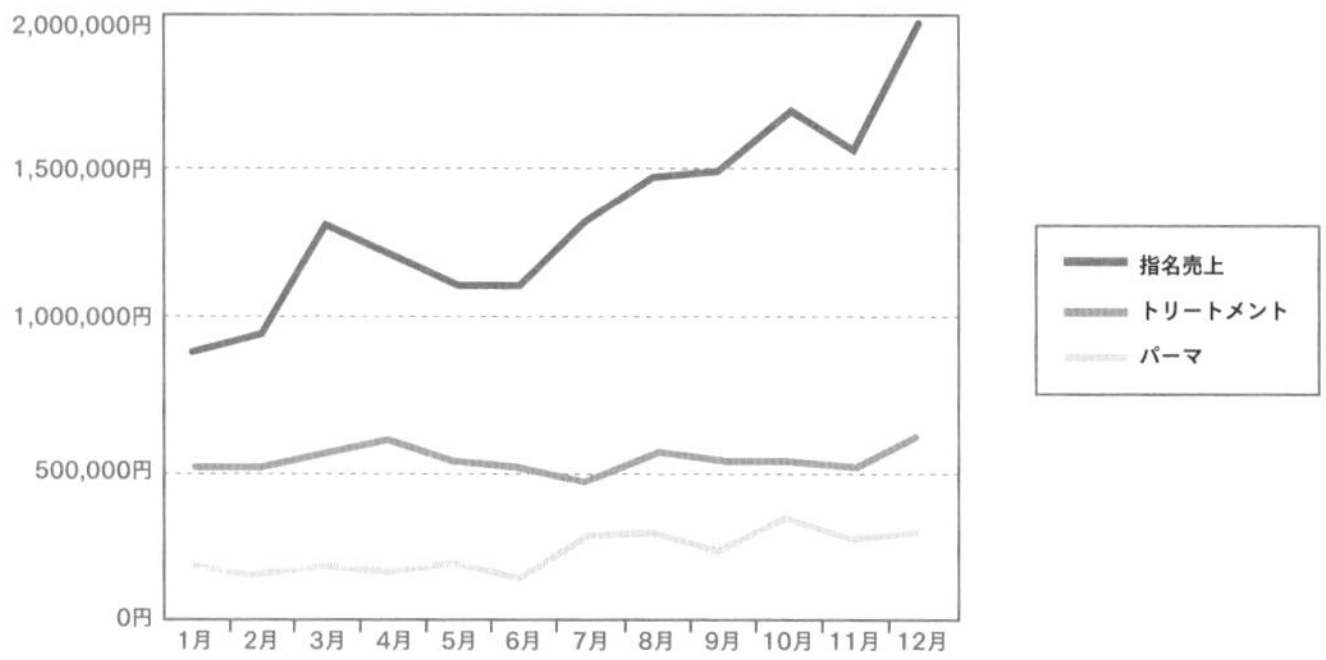

パーマを提案できていない、ということがわかります。同じようにトリートメントも基本はこちらから提案しないとオーダーが入らないメニューなので、Aさんの課題はカウンセリング時の提案力だということが数字から把握できました。

そこで6月の結果を踏まえ、パーマ提案カウンセリングを再教育したところ、7月からパーマ比率が上がりました。以降もコンスタントにパーマ比率が上がっていることがグラフからわかると思います。

もう一人例を挙げます。Bさんの1月トリートメント比率に注目して

過去のバディーBさん

	1月	2月	3月	4月	5月	6月	7月	8月	9月	10月	11月	12月
トリートメント	60.86%	45.83%	47.27%	44.72%	43.69%	46.59%	40.3%	34.63%	39.43%	41.29%	44.12%	53.58%
パーマ	23.18%	19.04%	21.21%	19.87%	16.8%	15.18%	15.3%	18.43%	15.46%	17.83%	16.66%	17.22%

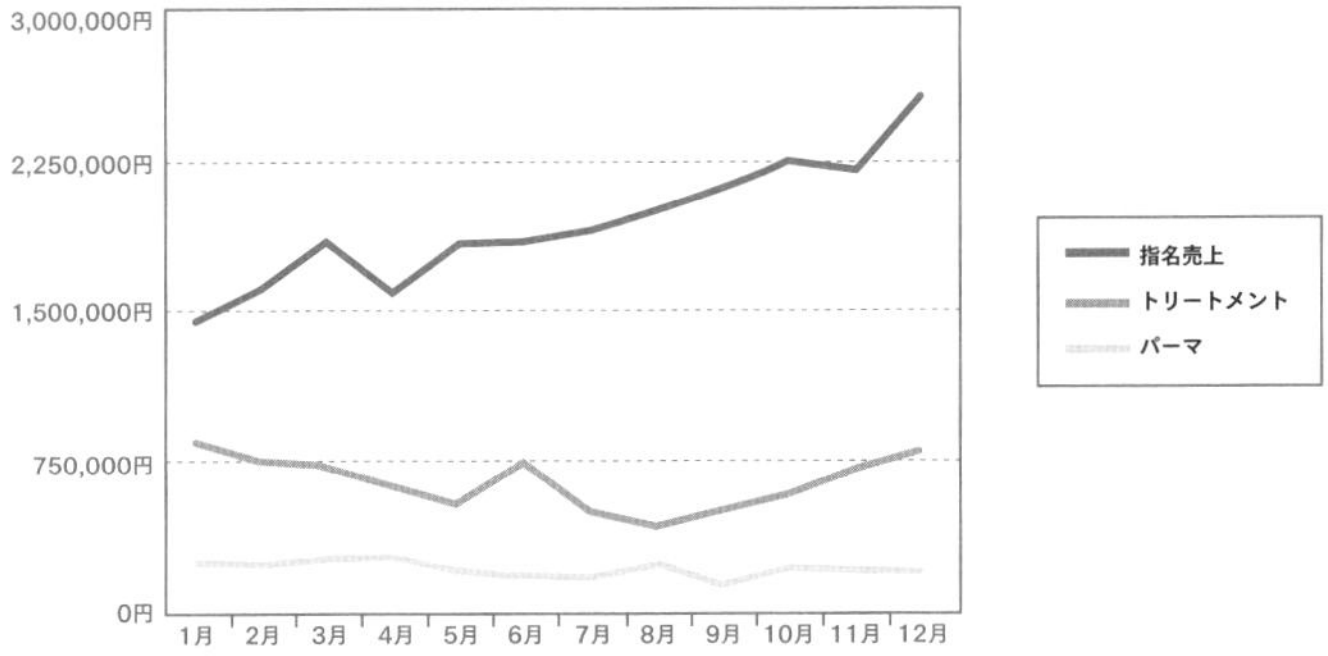

ください。60％と非常に高いです。それが2、3、4月とどんどん下がっています。でも指名売上は上がっています。

これはつまり、客数は増えているがメニュー提案ができていないという状態です。実際面談してみると、客数の増加に対応するのに一杯一杯で、提案がまったくできていないことがわかりました。

そこでBさんと夏に約束したのは、もともとトリートメントが得意なスタイリストだったので、まずは12月の繁忙期にトリートメント比率を50％に戻そうということ。それと、客数は伸びているのだから仕事のやり方を少し見直し、提案の仕方も変えて、12月にしっかり数字を残そう、という目標を立てました。

美容師は客数に応じて仕事のスタンスを変化させていくことで多くのお客様を笑顔にできます。毎月、面談を通してアドバイスすることで、目標の12月に向けて少しずつ数字が上がり、12月にはほぼ元のトリートメント比率に戻せた様子が見てとれます。

こういうことは毎月細かく本人と会話していないとなかなか気付けません。その場の思い付きで面談して断片をとらえるのでは無理なのです。

僕は、若手スタイリストが伸び悩む原因のひとつは店舗でこういうことをやっていないからだと思っています。**ブランディングとマーケティングをきちっとやっていけばそれなりに数字は伸びていく**ものです。「美容室は人が商品」です。商品を輝かせましょうね。

メディア戦略を実行しよう

メディアブログを使う

エリアによって温度差があるかと思いますが、SNS集客は今や業界のスタンダードになりました。ただ、ミンクスではSNS以外の集客チャネルも強化しようということで、マーケティング部の主導で**メディアブログ**というものを運用しています。

具体的には、悩みについての検索にフォーカスし、例えば「縮毛矯正に似合うボブ」というタイトルでブログに記事を書きます。画面をスクロールするにつれてヘアスタイルの解説、バランスの話、顔型への似合わせ、お手入れ方法などと続き、YouTubeの解説動画が貼り付けてあって、最後に予約フォームがある、という構成です。

この情報量はインスタではさすがに厳しい。だからブログなのです。

メディア戦略としてのコンテンツブログは、結果が出るのに時間がかかる点と、コンテンツが少ない初期段階では集客力が弱い点はありますが、ロングスパンで見たときのパフォーマンスが高く、一度発信した後は、情報を刷新（＝リライト）しながら運用していけば、ネット上の表示順位が一度上がるとそうそう下がりません。**仕込みは大変ですが、一度上位表示されるとずっと表示され続ける点ですぐれた集客チャネル**と言えると思います。

ビッグすぎるキーワードは狙わない

上位表示され、見てもらえるコツとしては、これは手の内を明かすことになるので参考程度に聞いてほしいのですが、ビッグすぎるキーワードは狙わないことです。

例えば「縮毛矯正」だとビッグワードすぎます。キーワード検索の結果が多く出すぎるという意味です。

だから「縮毛矯正　失敗」とか「縮毛矯正　失敗を直す方法」というふうにキーワードを足していき、悩みで検索する際のワードを探していくことが大切です。だいぶテクニック的なことなので、強く勧めるわけではありませんけどね（笑）。

若手とハイキャリアで棲み分ける

ちなみに、メディアブログはどちらかというとキャリアの高いスタイリストに担当してもらうことをお勧めします。豊富な知識と経験を、自分の言葉で発信してもらうのです。

あくまでもミンクス内部での話ですが、美容サイトでの集客は若手を中心に展開しメディアブログは中堅からベテランの集客に棲み分けしています。

とはいえこれも臨機応変に、です。文章を書くのが好きでSNSよりもメディアブログに向いている若手がいれば、メディアブログに力を入れてもらえばいいと思います。

Webマーケティングのやり方

マーケティングの世界では飲食店と美容室がよく比較されます。Webメディアや集客サイトの使い方に関しては飲食のほうが美容業界より先行しており、飲食業界の使い方で起きている現象は数年後に美容業界にも来るとされています。

それでいうと、今は飲食業で「ぐるなび」離れが鮮明になっています。「食べログ」が1位、インスタ2位、Googleマップが3位、以下「ぐるなび」、「ホットペッパーグルメ」と続きます。

Webマーケティング

主要メディアの集中利用型

▼

多種メディアの分散利用型

現在地検索、音声検索 etc…
お客様がお店を選ぶ方法は多種多様になっている

リピーター		新規客
オウンドメディア	媒体	ホットペッパービューティ 楽天ビューティ Yahoo! BEAUTY minimo EPARK
	検索	Google YAHOO! JAPAN
Facebook twitter LINE Instagram	SNS	Facebook Ads twitter Google + Instagram
ブログ キュレーションサービス サブスク	その他	Ameba LUXA グルーポン グノシー 週刊アスキー Smart News

美容室の場合、ＳＮＳやブログ以外は、特に検索で入ってくるお客様に対しては Google を強化するとよいかもしれません。

Google 検索を強化する――ＭＥＯ対策

Google 検索の仕組みを見てみましょう。

検索結果画面で一番上に出るのがリスティング広告です。次に出るのがＭＥＯ上位のページ。その下がＳＥＯ上位のページです。

ＳＥＯ（Search Engine Optimization）は検索エンジン最適化という意味ですが、これのサーチがマップ（Map、地図）に変わったものがＭＥＯです。皆さんもグーグルの地図検索で飲食店や各種施設を探すことがあるでしょう。あれです。

美容室はＳＥＯ対策は意識していてもＭＥＯ対策はまだそんなにやっていないのではないでしょうか。

検索が Google 一強になりつつある今、本格的なＳＥＯ対策やＭＥＯ対策を厳密に行うためにはＷｅｂマーケティング会社を使わないと難しいと思われがちですが、Google の評価はあくまでもリアルなユーザー視点ととらえることが大切です。いずれにせよ美容業

Google検索

界もこういった施策が必要になったことだけは知っておくべきでしょう。

なお、これはGoogleの話ではありませんが、予約を集めようとするならランディングページ（LP）が必須です。いわゆるホームページ（＝お店の公式サイト）がサロンの様々な情報を集約して提供するツールなのに対し、ランディングページはホームページとは違い、見てくれたユーザーを予約まで導く導線として効果的です。

自店舗の魅力やコンセプト、トレンドデザインやキャンペーンをわかりやすくアピールできるのがランディングページの利点です。これからは美容室の予約はこちらがスタンダードになっていくでしょう。

できることからやってみる――Googleマイビジネスを使う

Webマーケティング会社を使わなくても自分たちでできる取り組みとして、Googleマイビジネスがあります。

これはGoogleが提供している無料のビジネスツールで、公式案内は次のようになっています。

「Googleを使ってビジネスを無料でアピール。Google検索やGoogleマップなどGoogleのサービスにビジネスやお店などの情報を表示し、管理するための無料のツールです。」

ミンクスではマーケティング部とプレスメンバーが中心になって取り組んでいますが、やってきてあらためて思うのは、**コツコツ運用するしか攻略法がない。**ですので、まだやっていないサロンさんはぜひ早めに始めましょう。

その際一番気にしてほしいのは、検索ユーザーが使用したキーワードを検索クリエ（語句）から分析し、**「インサイト（分析）の円グラフで示される❸の部分を増やしましょう」**

インサイトグラフ検索方法

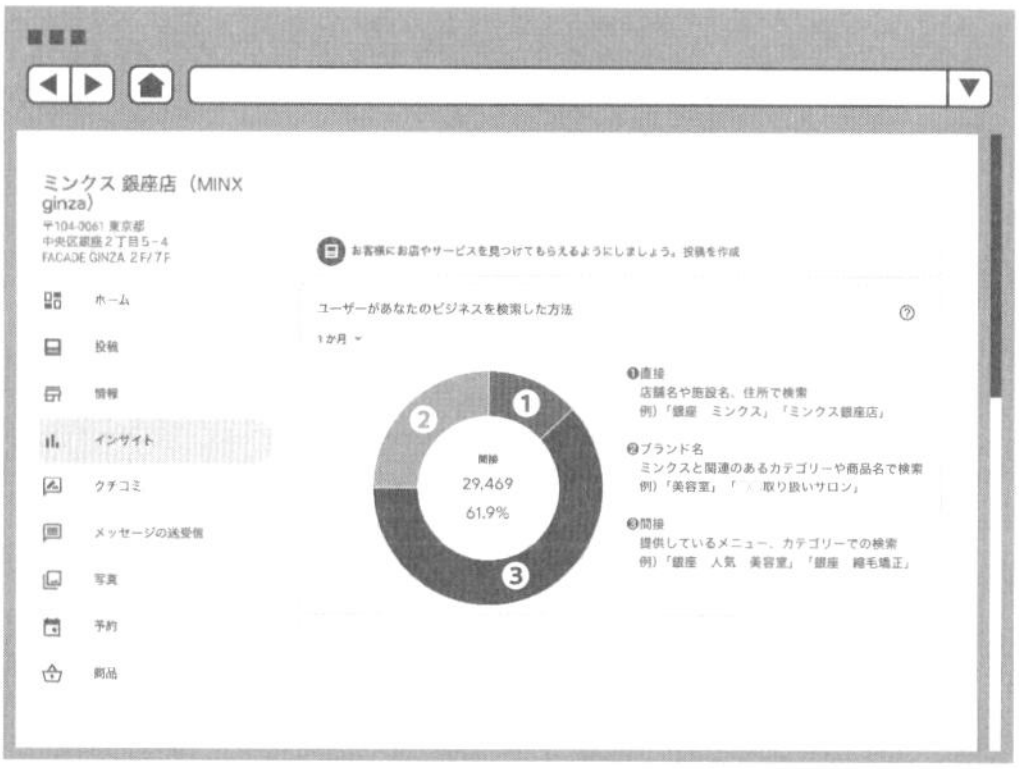

ということです。

上の画面はＭＩＮＸ銀座店の例です。❶の「直接」は既存のお客様が住所や店舗名で検索している部分。❷の「ブランド名」は美容室というカテゴリーで銀座店を見つけてもらえた部分です。

つまり、❶と❷の人たちは何らかの形ですでにミンクスを知っている。

ということは、それ以外の❸の人たちに開拓の余地がある。Googleマイビジネスはそういう発想で運用してもらえばいいと思います。

口コミ対応もマーケティングだ！

口コミを集計・分析する

口コミ（書き込み）に関しては、リアルな声を拾うという意味でミンクス各店舗の美容サイトでの口コミを集計しています。全店共通で「技術力の高さ、知識の豊富さ、仕上がりに満足、信頼」に良い口コミが集まっていました。ミンクスが大切にしている部分を評価していただいているのは非常にうれしいのですが、マーケティングの視点からは全店共通の要素にはそれほど注目していません。

大事なのは店舗別の要素です。ＭＩＮＸ銀座店の場合、共通のもの以外で最も多かったのは「丁寧な対応、気遣い、礼儀正しさ」が他店舗に比べて評価されている部分でした。オープン当初から丁寧な対応には力を入れてきたので、顧客視点に立った店舗の狙いとお客様の声が合致していてうれしかったです。

いっぽうで悪い口コミとしては、「人が変わりすぎる」「慌ただしさ」が多くなっていました。

これを「忙しい＝繁盛している」ととらえて良しとするのか、忙しいなかでもどうにかしようと考えるのか。それによってお店づくりの方針が変わってきます。

こういう議論は集計をとらないとできません。**集計をとったうえで、良い口コミと悪い口コミを見比べて分析し、具体的に何を変えていくかをミーティングで話し合う。そしてお店づくりに繋げていく。**

これが口コミをマーケティングに活かすということです。

良い口コミに返信する際のポイント

社内向けの資料ではありますが、ミンクスでは全店統一の**口コミ返信マニュアル**というものをマーケティング部で作っています。

口コミに返信する一番の目的は、**正しく返信することで新規顧客獲得に繋がる**からです。

お客様はスタイル写真と同じくらい、もしくはそれ以上に口コミに書かれている内容をよく見ています。そのときに、せっかくお客様が書き込んだ口コミが未返信のまま放置さ

〝良い口コミ〟返信の記載手順

1 宛先を明記
↓
2 来店および口コミのお礼
↓
3 施術の効果や満足いただいている点を文章で記載
↓
4 施術中に話した内容を盛り込む（オンリーワンの内容）
↓
5 次回の提案（再来店に向けたコメント）
↓
6 担当者名を明記

れていたら、「あ、そういうサロンなのね」と思われてしまいます。

良い口コミへの返信は、褒められていることに返すのでみんなある程度ちゃんとできています。記載手順と気を付けるべきポイントをまとめておきますので、上の図と次のページを参考にしてください。

それより重要なのは………そう、ご指摘の口コミへの返信です。

来店を検討しているお客様がより気にされるのはこちらですし、サロン側がつい誤った返信をしがちなのもこちらだからです。

〝良い口コミ〟返信で気を付けるべきポイント

1 **お客様を否定しない**（お客様の事実を尊重する）
↓
2 **お客様が記載していない「個人的な内容」は書かない**
↓
3 **口コミは返信も読者に読まれているという意識を持つ**
↓
4 **返信は３日以内にする**
↓
5 **順番に返信をする**（基本的に古い順番から）
↓
6 **正しい敬語や言葉遣いで書く**（お客様との関係性で、親しみを込めた表現は可だが、くだけすぎた言葉にならないように注意）
↓
7 **専門用語をなるべく使わない**
↓
8 **簡潔で読みやすい文章にまとめる**
↓
9 **定型文を使わない**（雑に対応しているイメージに繋がる）

ご指摘の口コミへの対応で厳守すべきこと

ご指摘の口コミへの返信でそのサロンのレベルが測れます。「ここ行ってみようかな」と思われるサロンになるために、ご指摘の口コミへの正しい返信の仕方をこの項でマスターしましょう。

まず、厳守すべきポイントから。

1 ご指摘の口コミ投稿に気付いたら必ず役職者に報告する

2 誰が対応（返信）するか、役職者が口コミ内容を見て判断する

①技術、仕上がりに関すること

担当者が返信

②アシスタントの接客、店舗運営に関すること

店長、担当者のいずれかが返信

③内容によって店舗で対応しかねることや、お客様からのご指摘ではなくクレーム以上の内容の場合

店長から本部またはオーナーに報告し返信してもらうことも選択肢のひとつ

3 返金対応になったお客様については本部、オーナーへ報告する

4 DMなどのご案内を止める必要が生じたお客様は店長が本部へ連絡する

※顧客情報の修正が必要なため

ご指摘の口コミは担当者レベルで留めてはいけません。必ず役職者に上げさせてください。全体で共有したいからという理由もありますが、内容次第で最初の返信を誰がするかを変える必要があるからです。なかには最初から店長が対応しなければいけない口コミもあります。ここを間違えると炎上に繋がったり、後々こじれたりします。ご指摘の口コミへの対応はこの点は本当に厳守です。

ご指摘の口コミに返信する——実例解説

実際の返信例を見てみます。これは接客に関するご指摘の口コミだった場合の例。返信記載手順とともに、まずはじっくり見比べてみてください。

理解できましたか？　では解説していきます。

まずはお詫び。最初にお詫びしてください。結構ありがちなのが、お詫びから入らないこと。「ヘアスタイルは良かったけど受付の対応が嫌だった」とか「アシスタントの対応が嫌だった」といった場合に、スタイリストとしては「ヘアスタイルは良かった」というところにフォーカスしたいからだと思います。

すると返信内容が、「今回来店いただきありがとうございます。ヘアスタイルを気に入っていただけてうれしいです」が先になってしまうのです。

でも、これは違いますよね。店長の役割に照らせばなおさら違いますよね。この部分はミンクス内でも何度か指導したケースがありました。

〝ご指摘の口コミ〟返信の記載手順

1 宛先を明記

・誰宛てに書いたのかがわかるよう、必ず「〇〇様」と記載する
・「〇〇様」と記載があることで、そのお客様へ向けて書いているということが伝わる
※注意点　返信の際はニックネームを利用すること

2 来店の「お礼」と「お詫び」

・たくさんあるお店の中から、自店を選んで来店してくださったことへの「お礼」を伝える
・わざわざご来店くださったにも関わらず、不快な思いをさせてしまったことへの「お詫び」をする
・至らなかった点は言い訳や弁解はせず、素直に「お詫び」をする
※お褒めいただいている部分があっても、まずは、ご指摘についてのお詫びを先にすること

3 ご指摘くださったことへの「感謝」を伝える

・お客様の貴重な時間を使って、ご指摘の口コミを書いてくださったことへの「感謝」を伝える
・勇気を持ってご指摘くださったことへの「感謝」を忘れない
※指摘する側（お客様）も嫌な気持ちであることを理解する

4 ご指摘に対する対応、または改善策を提案する

・ご指摘に対し、「どのように対応したのか」、または「どのように改善していくのか」を簡潔に述べる
・原因及び、アフターケアが可能であればそれを記載する
・一生懸命努力し、改善していくことをアピールする
・お褒めいただいている点はきちんと拾い、素直に喜びの言葉にする、お礼を伝える

5 再度「お詫び」と「感謝」を伝える

・あらためて、ご不快な思いをさせてしまったことへの「心からのお詫び」と、貴重なご意見をくださったことに対して「感謝」を伝える（誠実さが伝わる）

6 担当者名を明記

・誰が書いたのかを明記することで、「私が責任を持って対応する」という意思、強い責任感が感じ取れる
・より誠実さが伝わる
・役職名（オフィシャルの役職名のみ）＋名前を明記する ※役職者以外は名前（フルネーム）のみ

〝ご指摘の口コミ〟返信例（接客編）

〇〇さんからの口コミ
口コミが高評価だったので期待して行きましたが、残念でした。忙しいのか、スタッフの方々が常に慌ただしく動いていて、全体的に雑な印象で、居心地が悪かったです。
特にアシスタントさんの接客態度が気になりました。最初にシャンプーしてくださった方は、終始機嫌が悪そうな表情で、ボソボソと小さな声で話をされるので、まったく何を言っているのか聞き取れませんでした。他のアシスタントさんにも笑顔はなく、淡々と業務をこなしている感じで気持ちの良い態度ではありませんでした。スタイリストの方の対応や仕上がりについては良かったのですが……。お店がこのような雰囲気だと次回行きたい気持ちにはなれません。

記載手順の該当部分

返信例

1 〇〇様

2 先日はMINX 〇〇店にご来店いただき、誠にありがとうございます。
数あるお店の中から、口コミに評価をいただき、期待を持ってMINX 〇〇店にご来店くださったにも関わらず、居心地の悪い雰囲気、ならびにアシスタントの接客態度でご不快な思いをさせてしまい、本当に申し訳ございませんでした。

3 また、貴重な時間を使ってご指摘くださいましたこと、感謝申し上げます。

4 プロとしての立ち居振る舞いや心からの笑顔、そして何よりお客様への配慮が足りず、居心地の悪い空間を作ってしまったと、大変反省しております。
ご指摘いただきましたアシスタントの接客態度も含め、スタッフ全員でミーティングを行い、内容の共有をすると共に、改善していくための接客研修を実施いたしました。

お客様にとって居心地が良く、快適な時間をお過ごしいただけるよう、今一度、自分自身も含めスタッフ全員で「心からの接客」を見直し、実践してまいります。

また、ご不快な思いをさせてしまったにも関わらず、対応や仕上がりについて良かったとのうれしいお言葉をいただき、お客様の優しいお気持ちに、心より感謝申し上げます。

この度頂戴いたしました貴重なご意見、ご指摘を真摯に受け止め、今後このようなことのないよう、スタッフ全員で努力し続けてまいります。

そして、〇〇様がいつかまた気持ちよくご来店いただけるお店づくりに尽力いたします。

5 この度は本当に申し訳ございませんでした。
そして貴重なご意見をくださり、誠にありがとうございました。

6 〇〇店店長　〇〇〇〇（名前）

あらためておさらいです。ご指摘の口コミをもらったら必ず役職者に報告させ、まずは店舗の全員で共有すること。ご指摘の口コミをもらったことが悪いのではなくて、それを改善できないことが悪いのだと認識すること。

お客様のご指摘をもとに何が改善できるかを考えるのが店長の仕事です。悪い口コミをお店づくりに活かしましょう。**真摯に対応して改善を重ねることで、未知のお客様に「誠実なお店だな」という印象をＷｅｂ上で伝えることができます。**

もしかしたら皆さんのなかには、「何でそこまで手間をかけるの？」と思う人もいるかもしれません。

それに対しては、

「お客様に支持されて売れ続ける仕組みにするのがマーケティングだからです。特にＷｅｂは戦略を立ててコツコツやらないと、思い付きでやっても成果が出ないからです。」

と答えます。お客様に支持されるサロンであり続けるために、頑張っていきましょう！

3 クレーム対応の実践

クレーム対応はカウンセリングに似ている

クレーム対応はミンクス社内で店長や代表クラス向けの勉強会を開いたときに反響が大きかったテーマです。人から教えられる機会がなかなかないですからね。

僕自身も経験則で導き出した部分がありますが、クレーム対応のポイントを一覧にまとめてみました。

クレーム対応の基本をわかりやすく言うと、**他のサロンで失敗されたお客様を、しっかりカウンセリングしてお悩みを聞いて、解決策を提案することと同じだ**ととらえています。

悩みを抱えている状態という意味では一緒なので、それが自分の店舗で起きたのだというとらえ方でいると、多少は気持ちが楽になるのではないでしょうか。

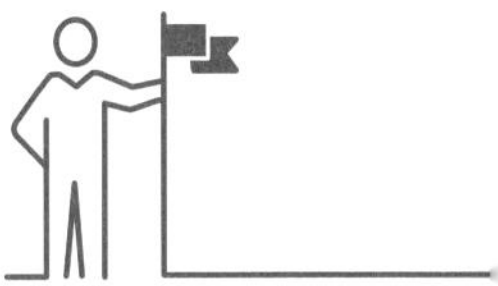

クレーム対応のポイント

●ご満足いただけなかったお客様がまず望むのは、「話を聞いてもらうこと」。

●そのためには、お客様の話を丁寧に聞くことが必要。

●話を聞いているときは「お話をちゃんと聞いていますよ」というサインを送ると良い。
※お客様に安心して要望を話してもらうため。(サイン手法例：ミラーリング、ペーシング)

●仮にお客様に非があった場合でも「お客様が不満に思った」という事実は存在する。

●まずお客様を不快にさせてしまったことに対して、必ず謝罪をする。

●ただし、ご指摘の内容を把握しないまま謝罪をしてはいけない。
無責任な謝罪はお店の立場を悪くし、後から別のトラブルに発展する可能性がある。

●お客様を刺激しないよう、「クッション言葉」を必ず使う。
※クッション言葉　「恐れ入りますが」「申し訳ありませんが」など、話す内容の前に添える言葉

●否定的な表現は避け、肯定的な表現を使うようにする。

●クレーム対応は「お客様の求めていることは何か」をくみ取ることが重要。

●店内のオペレーションに問題がある場合も視野に入れ、問題点を探る。

●お客様が何を不満に思ったのか、どうして欲しいのかを丁寧に聞き、
要求内容を洗い出す。

●終息しないようであれば、対応できる範囲の解決策を提示する。

●スタッフのフォローも忘れずに。クレームを責めても意味はない。
次に繋げる学びととらえる。

まずはお客様のお話をよく聞く。「この人に相談したらちゃんと聞いてくれるな」と思ってもらうことが一番です。

クレームが起きたときにやってしまいがちなのが、「髪が傷んでしまった」というクレームに対して、「お客様の髪のダメージからすると……」というスタンスで話してしまうことです。髪のコンディションというものはプロでないとわからない部分があるので、ついそういう目線になってしまうんですね。

でも、お客様にとってはそんなことはどうでもよくて、不満に思ったり納得していない事実があるだけです。そこに美容師がやったことの正当性をぶつけてもしょうがない。

ですから、**クレームが起きてしまったことよりも、その先にある、お客様が納得して「わかりました」とおっしゃってくださる落としどころを見つけることに意識を向けましょう。**これがクレーム対応の大前提です。

謝罪はご満足いただけなかった内容を把握してから

悩ましいのは、この「よく聞く」という作業が、忙しく営業している最中に発生しがちなことです。

僕も過去、5人のお客様を掛け持ちしているタイミングでスタッフに突然呼ばれて、「お客様が怒ってるんですけど……お願いできますか？」ということがありました。

そういうときはもう、自分のお客様に状況を説明して、「大変申し訳ありませんが、スタッフとお客様の間でトラブルが起きまして、僕が対応しないといけないので、20分くらい待っていただくことってできますでしょうか。」というふうに、正直にお願いするしかありません。

もしくは、お客様がご承諾くださるようであれば、他のスタイリストに仕上げを代わってもらうという対応もあると思います。

それをしておいてからクレームが起きているお客様のところに向かうのですが、ここでまたやりがちなのが、担当者から話を聞いただけで、「申し訳ございませんでした。今担当から聞きまして、こういうご不満ですよね。」というふうに、お客様の話を聞かずに口火を切ってしまうことです。

気持ちはわかります。でも、これはトラブルのもと。お客様「あなた何を知ってるわけ？」と思われてしまいます。

だから必ず、**あらためてお客様本人からクレームの詳細を聞いて、全体像を把握してから謝罪**しましょう。

他にありがちなこととして、お客様のご要望をはきちがえてとらえてしまうことも多いです。

よく言いがちなのが、「では返金すればよろしいですか？」です。

これは駄目。お客様のほうから返金を求めてきたなら別ですが、逆に一番失礼な対応です。

プロとして対応する以上はお客様が納得するまで責任を持つのが僕たちの仕事です。特に店長は、どう対応するかがスタッフたちから見られている立場です。間違ったクレーム対応を覚えさせないためにも、焦らず落ち着いて対応しましょう。

悪質なクレームには毅然とした対処を

ただし、明らかに悪質なクレームに対しては毅然とした対処が必要です。そういったクレームを起こすお客様は3つのタイプに分けられます（次ページ表）。

店にもお客様を選ぶ権利があることを知らない店長さんは意外と多いです。お客様商売だから何でも対応しないといけないと思っているのかもしれませんが、それは違います。

僕も悪質なケースをいくつも経験しましたが、例えば次のような言い方で対応してきました。

「お客様のご要望はごもっともですが、僕もスタッフと店を守るのが仕事ですし、お客様のご要望を叶えるのも仕事です。そのバランスのなかで対応させていただくしかないことは、ご理解いただけますか？」

「お客様のご要望ご意見を真摯に受け止めまして、何ができるか、考えさせていただいてよろしいですか？」

悪質なクレーマーの３タイプと対応法

聞く耳を持たないクレーマー

●声を荒げて怒りをまき散らしたり、店のルールに理解を示す気がなかったりするタイプ。
●「自分は客だから」と何でも要望が通ると考えている人などはこの傾向がある。

対応法

まずは謙虚にお客様の話を聞き、不満を全部吐き出してもらう。
そのほうが冷静になってもらいやすい。
その後にお客様の立場を尊重し、感謝と謝罪の言葉を強調しつつ、
丁寧にひとつずつ対応する。

自身の考えを押し付けるクレーマー

●確固たる考えを持っており、それと違うことは納得がいくまで説明を求めるタイプ。
●理論的で細かく、当初の要望とは別の観点の話をされて、対応が長引いてしまう。

対応法

お話を理解したことを伝え、ご迷惑をかけた点を謝罪し、アドバイスには感謝する。
説明は結論から始める。その際、店としてできることとできないことを明確に示す。

度を越して悪質なクレーマー

●相手を脅して要望を叶えさせようとするタイプ。感情的、他のお客様の前で怒鳴る、
水かけ論を展開する等。
●恫喝や脅迫などでスタッフに被害が及ぶ可能性がある。

対応法

こちらは常に冷静な話し合いのスタンスを維持する。軸をブラさない。
収拾がつかない場合は警察に相談。法的な対処をとる。

このスタンスは183ページの「クレーム対応のポイント」一覧の「終息しないようであれば、対応できる範囲の解決策を提示する」の実践例です。クレームによっては店舗で対応できる範囲を超えている場合もありますから、そのときは本部に相談して、上の幹部から対応してもらうようにしてください。

くれぐれも、**その場の安請け合いで具体的対応を確約することだけは避けること。**若い店長さんは特にこの点に注意しましょう。仲間や先輩たちみんなの頑張りで築き上げたブランドです。

店長さんのクレーム対応で皆さんのサロンのブランド価値が決まります。

おわりに

コロナ禍を通して、身体接触が伴う業種の宿命とはいえ、これまでと同じようにはお客様をお迎えすることができないことに悩む店長さんは多かったと思います。

いっぽうで、僕たち美容師というのは本当にお客様に支えられているんだな、とあらためて感じた局面も多かったと思います。お客様が来てくださり、その笑顔に、どれだけ救われたか。

同じように、仲間がいるということにもどれだけ救われたか。

店長さん自身も、悩むにしても自分一人で悩むのではなく、一緒に打開策に取り組んでくれる仲間がいるということに、ものすごく救われたと思います。

そう感じた皆さんに向けて、この本が少しでもヒントになっていたら、僕としてはこれ以上の喜びはありません。

締めくくりに際し、今回のお話をくださった女性モード社さんにもう一度感謝を伝えたいと思います。ありがとうございました。

また、いつも僕をセミナーに呼んでくださる全国の業界関係者様、店長さん、副店長さん。皆様からお聞きするお話やお悩み、日々のエピソードは、僕自身の学びにもなっています。今後ともよろしくお願いします。

そしてミンクスの高橋マサトモ会長と岡村享央社長へ。私の本の出版の話があることを報告した際、「今までやってきたことへのご祝儀みたいなものだから、菅野の考え方を思う通りに書けばいいよ。」と送り出してくださり、本当にありがとうございました。おかげさまで楽しみながら取り組めました。

また、僕が若き副店長の頃、いつも技術やお客様との関わり方、お店とはどうあるべきかを教えてくれた故人の鈴木さんへ、心から感謝を伝えたいと思います。

そして最後に、いつも支えてくれているミンクスの皆さん、本当にありがとうございます。今回の出版のことを話すと、少なくない数の後輩が、「自分も参考にしたいです。待ってます！」と言ってくれました。その言葉に励まされて頑張れた部分は多かったです。

みんなの期待に応えられる本になったかな。なっているとうれしいな。

２０２１年３月　菅野久幸

菅野久幸［MINX］　かんの・ひさゆき
1978年、山形県生まれ。現在、東京都内に5店舗を展開するMINXグループの取締役。2013年にオープンした銀座店の責任者を務め、2年で160坪、セット面37面、スタッフ数60名に拡大。美容室のミシュランガイド「KAMI CHARISMA」銀座店として「トリートメント＆スパ部門」2年連続受賞。MINX全体で7部門最多受賞。コロナ禍の中、2020年12月店舗売上6060万円。この功績は業界でも話題になり、多分野で講師として活躍。中国では「菅野経営学院」を開講。2019年には年間約3500名が受講している。

MINX流「デキる店長」革命

2021年4月25日　初版発行
定　価　　3,080円（本体2,800円＋税10%）

著　者　　菅野久幸［MINX］
発行人　　阿部達彦
発行所　　株式会社女性モード社
https://www.j-mode.co.jp

本社
〒107-0062 東京都港区南青山5-15-9-201
Tel.03-5962-7087
Fax.03-5962-7088

大阪支社
〒541-0043 大阪府大阪市中央区高麗橋1-5-14-603
Tel.06-6222-5129
Fax.06-6222-5357

印刷・製本　　株式会社シナノ
ブックデザイン　　石山沙蘭
編集協力　　筒井秀礼